個別最適な学びに生きる フレームリーディングの国語授業

青木伸生［編著］
「ことば」の教育研究会［著］

東洋館出版社

はじめに

1 個別最適な学びをつくるフレームリーディング

本書で提唱しているフレームリーディングは、個別最適な学びをつくるための一方策です。なぜフレームリーディングは、個別最適な学びをつくるのか。それは、徹底した「子どもの側からの学びの見直し」を出発点にしているからです。フレームリーディングの目的は、子どもに、文章を読むための目のつけどころをもたせるということです。

子どもの中に、文章を読み解く多様な目のつけどころをもたせることができれば、その目のつけどころをもとにして、自分の力で読み進めることができるということです。つまり、子ども自らが、自分の身につけているフレームを生かして自分自身の学びを推進していくことができる、というのが、フレームリーディングの基本理念なのです。

一つの文章に対して、「自分はこの目のつけどころをもとに読んでみよう」という、子ども自身のアプローチの仕方があっていいのです。そこが「個別最適」という言葉につながります。最終的にたどりつく山頂はどの子も同じです。同じゴールを目指して登っていきます。しかし、山頂までの登山ルートは、個別でいいのです。同じルートを選んだ子どもがいれば、小グループとしてまとまって登るのもいいでしょう。物語を読む過程において、様々なルートの山道を登り、それを交流していくと、クラスの中で様々な景色が見えてきます。登場人物の気持ちの移り変わりに目をつけて読み進めた子どもが、色彩表現に目をつけて登ってきた仲間と出会うことで、今まで自分が登ってきたルートで見ていた景色とは違う景色を見ることができます。

子どもがフレームを身につける過程では、教師の発問や、指導助言が必要でしょう。しかし、学びが進むにつれ、子どもが様々なフレームを生かして読むことができるようになると、そこではもう教師の発問は必要なくなります。子ども自身が身につけた「学び方のフレーム」として、子ども自身でフレームリーディングを展開できるようになるからです。フレームリーディングという手法は、そのような子どもの学びの姿を目指しています。

2　教師も学ぶ　子どもと学ぶ　子どもに学ぶ

フレームリーディングの発想で授業をすると、教師の立ち位置も変わってきます。教師は単に子どもに知識を伝達する立場ではなくなります。教師自身も学び手として、子どもと一緒に文章に立ち向かい、謎を解いていく存在になります。時には、子どもと共に悩み、試行錯誤しながら子どもの声に耳を傾けてみましょう。子どもの学びの姿を、傍らで見守ってみましょう。子どもは教師が思っている以上に頑張る存在です。そして、失敗からも多くのことを学べる存在です。教師は今まで、子どもに失敗させないように、学びをリードしてきました。しかし、失敗から学ぶことは、とても大切なことです。子どもが試行錯誤する、壁にぶつかって立ち止まって考える、もと来た道を後戻りしてみる、別のルートを探す、こうした一つ一つの動きこそが、子どもにとって個別最適な学びであり、学びをさらに推進する原動力そのものです。教師も、子どもと一緒に立ち止まって考えればいいのです。子どもと共に学べる教師こそ、これからの学びをつくることのできる教師だと言えます。本書が、その一助となれば幸いです。

最後になりましたが、本書の刊行にあたり、辛抱強く原稿を待ってくださった東洋館出版社の西田亜希子氏に深く感謝します。

令和三年八月

筑波大学附属小学校　青木伸生

CONTENTS

I 理論編

―なぜ、フレームリーディングなのか

1 フレームリーディングが目指す学びの姿

(1) フレームリーディングとは

フレームリーディングを、次のように定義しています。

自分のもっているフレーム(目のつけどころ)を生かしつつ、そのフレームを更新したり、新たなフレームを獲得したりしながら文章のつながりをとらえる読みの手法

ただし実のところ、定義そのものには固執はしていません。今後も、定義そのものが変更されることもあるかもしれません。要するに、子どもが、自分の力で文章を読み解くことができるように、目のつけどころをもたせていこうという発想です。この発想のバックボーンには、認知科学の知見(スキーマ理論)があります。このことは、後でふれようと思います。

ではなぜ、今、フレームリーディングなのか。それには、以下、大きく三つの理由があります。

①子どもを起点とし、個別最適な学びをつくるためには、フレームリーディングの発想が不可欠であること。

②今の学習指導要領で示されている読むことの学習過程は、フレームリーディングの読みの過程とほぼ一致すること。

③子どもの学びに向かう力を育むためには、読むことの面白さを実感させるフレームリーディングが適していること。

すなわち、これから求められる国語授業を考えるうえで、フレームリーディングは一つの大きなヒントや手がかりになると考えているのです。

(2) 個別最適な学びをつくる

子どもの資質・能力を育むということは、一人ひとりの子どもに対応するということです。子どもを大事にするという意識は今までの教育でももち続けてきていることですが、教師主導の一斉授業では限界があります。まして、個々の子どもの資質・能力に応じてそれを伸ばそうというのが学習指導要領の根幹なわけですから、これは今までの発想を大きく転換する必要があります。当然のことながら、子どもに備わっている資質・能力は、一律ではありません。読むことに長けている子どももいれば、音読さえたどたどしい子どももいます。様々な力をもった子どもが、一緒にいるのが教室です。授業の出発点としての前提を、ここにしなければなりません。もともと子どもに備わっている力は、違っているのです。

そうすると、教師は、個々の子どもに応じて、三十人いれば三十通りの発問を考え、三十通りのワークシートを用意しなければなりません。子どもが手にする学習材も、三十通り用意する必要もでてくるでしょう。個に応じると、こうなります。しかし、これは非現実的ですし、そもそも多様な子どもが一つの教室で学び合うことのよさが活かせません。一つの文章を読んでも、とらえかたや感じ方が異なる子どもがいて、それらをお互いに出し合うことで、今までにない理解や新たな発見につながるのです。子ども起点の個別最適な学びは、今までの一斉授業の発想では実現が難しいけれども、かといって、子どもをバラバラにして個別に学ばせることでもないのです。

では、どうするか。

子どもに、フレーム（目のつけどころ）をもたせるという発想で授業をすることです。人は、文章を理解する上で、自分のもっている様々なフレームを駆使していることが認知科学の知見で分かっています。国語授業において、そのフレームを子どもたちに身につけさせていくことができます。文章を読むときに、自分の身につけているフレームのどれを使うかは、それぞれの子どもの選択になります。「自分はこのフレームを使って文章を読んでみよう」という子どもの意識が、文章を読む上での、学びの出発点になるのです。この発想が、「子ども起点」と言える出発地点です。その子なりの文章の見え方、とらえ方を学びの出発点にするのです。教師の発問や課題設定から始まる授業とは、大きな方向転換です。

授業において、様々なフレームを身につけることができれば、次の文章を読むときの選択肢が増えます。しかも、授業という場で、読みのフレームを系統的に積み上げることで、より効果的・効率的に、子どもが自分のフレームを駆使して読むことができると考えます。さらに、仲間の子どもたちとの学び合いで、それまで自分がもっていなかったフレームに気づいたり、今まであまり有効活用できていなかったフレームのよさを実感したりすると、次はそれを使ってみようという気になるでしょう。こうして、子ども相互の刺激によって、自分の中に新たなフレームを獲得したり、それまでもっていたフレームを更新したりすることができます。

読むことにおいて身につけたフレームは、書くことや話すことにも応用できると考えられます。さらには、読むことのプロセスが、思考のプロセスとなり、学びそのものを更新しながらつくりあげていくことになると考えています。フレームリーディングは、フレームシンキングとして、子どもの学びを創造することにもつながります。

(3) 読むことの学習過程に沿う

フレームリーディングにおける学習過程は、次のような流れで示すことができます。

俯瞰―分析（焦点化）―統合

これは、学習指導要領の「読むこと」における学習過程とほぼ同じ流れになっています。

構造と内容の把握―精査・解釈―考えの形成―共有

構造と内容の把握とは、目の前の文章について、およそどのようなことが書かれているのか、どのような構造で書かれているのかとらえることです。つまり、文章の全体像をつかむための読みの過程ということになります。

フレームリーディングでは、「俯瞰」にあたります。文章全体を大まかにとらえる読みの段階です。ここを丁寧に行うことで、どこに焦点を当てて詳しく読んだらよいかが見えてきます。従来の読むことの授業では、この全体を俯瞰する段階にあまり時間をかけることなく、すぐに場面ごと・段落ごとの詳細な読解に入ってしまいました。子どもたちは、全体の流れが十分につかめていない中で、詳細に読み込むことをしていたので、結果として全体のつながりがぼやけてしまったのです。文章を理解するとは、「つながり」を見いだすことです。叙述と叙述、場面と場面、出来事と出来事がつながって見えたときに、「分かった」「読めた」となるのです。

学習指導要領における、構造と内容の把握と精査・解釈を行き来することによって、読み手の中に考えが形成されます。それを表現し合うことで、仲間との共有が可能になります。こうした読むことのプロセスを、具体的な授業レベル、発問レベルで具現化したものがフレームリーディングであるということもできます。

（4）読むことの面白さを実感させる

つながりが見えることが、読めたということであると述べました。具体的に「スイミー」を例にして話を進めます。それまで楽しく暮らしていたスイミーでしたが、きょうだいたちがまぐろに食べられてしまいました。悲しみの中で一人海を泳いでいると、さまざまなものに出会います。やがて気持ちが前向きになってきたところで、新たな仲間に巡り会います。敵に怯えながら暮らす今の状況を変えようと、スイミーは、考えます。スイミーは、どれくらい考えたのでしょうか。どのように考えたのでしょうか。

さまざまに知恵を絞っていく中で、スイミーはきっと思い出していたことでしょう。今までに出会ったたくさんの海の生き物のことを。その中で、一つのアイデアが浮かんだのです。みんなで一緒に泳ごうと。これは、過去の出会いの中にヒントがありました。初めて見た魚たちが、そのような動きをしていたのです。「見えない糸でひっぱられている」というのは、まさに魚の群れが、みんな同じようにまとまって泳いでいる様子そのものです。スイミーは、自分の過去の経験を参考にして新たなアイデアを生み出したのです。これが、スイミーという物語におけるつながりの一つです。物語はすべてがつながっています。このつながりを見つけ出すことが読むことです。子どもは、つながりを発見したときに、「面白い」と感じます。フレームリーディングは、子どもが目のつけどころをもって文章を読む読みの手法です。読むことの面白さを実感させることができるのがフレームリーディングなのです。

（5）フレームリーディングにおける「発問」

フレームリーディングにおいては、最終的には教師の発問がなくても、自分の力で自問自答できる子どもを目指します。しかし、学びの初期の段階では、子どもに目のつけどころをもたせるための発問が必要でしょう。

発問は、学習材の特性や内容に応じて臨機応変に工夫されるべきものです。ここでは、いくつかの基本的・特徴的な発問例を紹介します。

◆構造と内容の把握のために

基本形は「数える」ための発問が中心となります。数える活動を通して、文章の全体を俯瞰します。

【物語】
・登場人物は何人ですか？
・場面はいくつ？
・出来事はいくつ？
・この人物の会話文はいくつある？

【説明文】
・段落はいくつ？
・事例はいくつ（または何種類）紹介されている？
・キーワードは何回出てきた？

◆精査・解釈のために

基本は「選ぶ」ことをうながす発問になります。子どもが選ぶためには、他と比較して、共通点や相違点を明確にすることも必要です。

【物語】
・中心人物が一番大きく変わったのはどこ？
・一番大事な会話文はどれ？

【説明文】
・一番大事な段落はどれ？
・筆者の主張に対して一番重要な事例はどれ？

◆考えの形成のために

全体を見わたし直して、子ども自身が、自分の考えをまとめるための発問です。

【物語】
・なぜこの題名なのかな？
・あなたなら、どうする？

【説明文】
・あなたの納得度は何パーセント？
・あなたの賛成度は何パーセント？
・あなたならどんな資料を使う？

こうした発問が、実践編でも紹介されています。

2 身につけさせたい12のフレーム

子どもの読みの力を伸ばすために行われるのが授業です。フレームリーディングでは、子どもにフレーム（以下「目のつけどころ」と呼びます）を身につけさせることが目的になります。子どもに目のつけどころをもたせることができれば、子どもは、自分の目のつけどころを駆使して文章を読み、気づいたことや発見したことを仲間と交流します。その結果、新たな目のつけどころをもつことができるようになったり、今まで身につけていた目のつけどころを更新したりすることができるのです。

では、小学校の段階で、どのような目のつけどころを子どもに身につけさせればよいのでしょうか？今のところ、物語と説明文でそれぞれ12の目のつけどころとして整理しています。これはまだ仮説の段階ですので、今後実際の授業を通して、バージョンアップし、洗練されていくことでしょう。

(1) 物語における12のフレーム（図1参照）

物語を読む最終の目的は、「自分はこの作品をこのように受け止めた」と、作品のテーマや主題を自分の言葉で表現できることです。主題とは、作品から読み手が受け止めたメッセージであると定義しています。内容を深く読めば、その分受け止める主題も深くなっていくはずです。主題をとらえるために、子ども一人ひとりがもっている目のつけどころを駆使するのです。

12のフレームには順序性はありませんが、授業化に向けて、発達段階に応じた「身につけるのに適した時期」というものはあると考えています。

(2) 物語を読むための基本的なフレーム

物語のいちばんの骨組みは、「はじめと終わりで何かが変わる」ということです。そして、変わるのはたいていその作品の中心的な人物です。ですから、一年生の時から、物語に出てくる人物を「登場人物」としてとらえ、その中で作品中で最も大きく変わる人物を「中心人物」として、詳しく読んでいくのです。

国語の授業は、次の三つの柱でつくることができます。

◆何が、どのように変わったか。
◆いつ変わったか。
◆なぜ変わったか。

作品の中心人物に着目して、この三つについて読んでいくと、内容が読めていきます。何がどのように変わったかをとらえることは、内容の全体像を把握することです。いつ変わったかをとらえることは、作品の構造を把握することです。そして、なぜ変わったかを考えることは、作品の主題を考えることにつながります。

（3）物語を読むための発達段階に応じたフレームリーディング（表1参照）

国語科は、究極の繰り返し教科であると考えています。登場人物を確認し、その中から中心人物を見つけて、その変容をとらえるという学習は、一年生から六年生までらせん的にくり返されます。変容の中身が、より深く、より複雑になっていくだけです。ここでは、学年の発達段階を追って、どのような目のつけどころを子どもにもたせていけばよいかを提示します。

後に示す表1は、図1に示した物語における12のフレームを再構成し、フレームリーディングのプロセスに合わせて並べたものです。このプロセスは、学習指導要領の「読むこと」の学習過程にもほぼ一致するため、（ ）内にその過程を示しています。また、それぞれの目のつけどころを学ぶのに、最も適していると思われる教科書教材も示しています。もちろん、個々に示したもの以外の学習材でも目のつけどころを身につけさせることはできます。この表をもとに、それぞれの教室で、子どもの実態に応じて目のつけどころを身につけていくために実践されていくとよいでしょう。フレームが11になっているのは、「読者のフレーム」を外したためです。

（4）説明文における12のフレーム（図2参照）

説明文の学習における最終の目標は、文章の内容を的確にとらえ、その上で、文章に対して批評をすることです。批評とは、「書かれている内容に対して、納得がいく、いかない」とか、「筆者の主張に賛成だ、反対だ」などという、読み手としての反応です。これからの情報化社会の中で、筆者の主張を鵜呑みにすることなく、自分の考えをしっかりともつことが大切です。その意味で、説明文を単に理解するだけでは、説明文の学習が完結したことにはなりません。自分はそれに対してどう考えるのか、自分の考えを批評というかたちで表現できることが大切です。

では、低学年の子どもも、文章を批評することができるのでしょうか? 子どもの反応は、学年の発達段階に応じる必要があります。低学年の子どもならば、「このことを初めて知った」「この説明文は、ここが面白かった」という感想レベルの反応ができれば十分です。それが中学年になると「このことは、なるほどと思った」という感想に加えて、「ここが、このように書いてあったらもっとよくわかったと思う」と、自分の中でより納得できるような書きぶりにまで言及できるようになるとよいでしょう。さらに、高学年では、「だから・・と書いているのか」というように、筆者の意図や説得の論法に対して評価したり、「自分だったら、こう書くのに」と、筆者の書きぶりに対してより的確に自分の考えを表明できたりできるとよいでしょう。

このような批評の反応を引き出すもとになるものが、説明文のフレームです。図2に示すように、物語と同じ12のフレームに整理しています。この12のフレームも、物語同様、まだ仮説の段階です。今後さらに整理が進むと、12という数ではなくなるかもしれませんが、今の段階では、このように整理しているというものとして示しています。

(5) 説明文を読むための発達段階に応じたフレームリーディング（表2参照）

説明文のフレームリーディングも、学年の発達段階を横軸に置き、また読むことのプロセスを縦軸において、それぞれの学年で身につけるとよい目のつけどころをフレームとして示しました。そして、その目のつけどころを身につけるのに適している学習材も示しています。ここでも、読者のフレームは外して、11の目のつけどころとして表2にまとめています。

図1　物語における12のフレーム

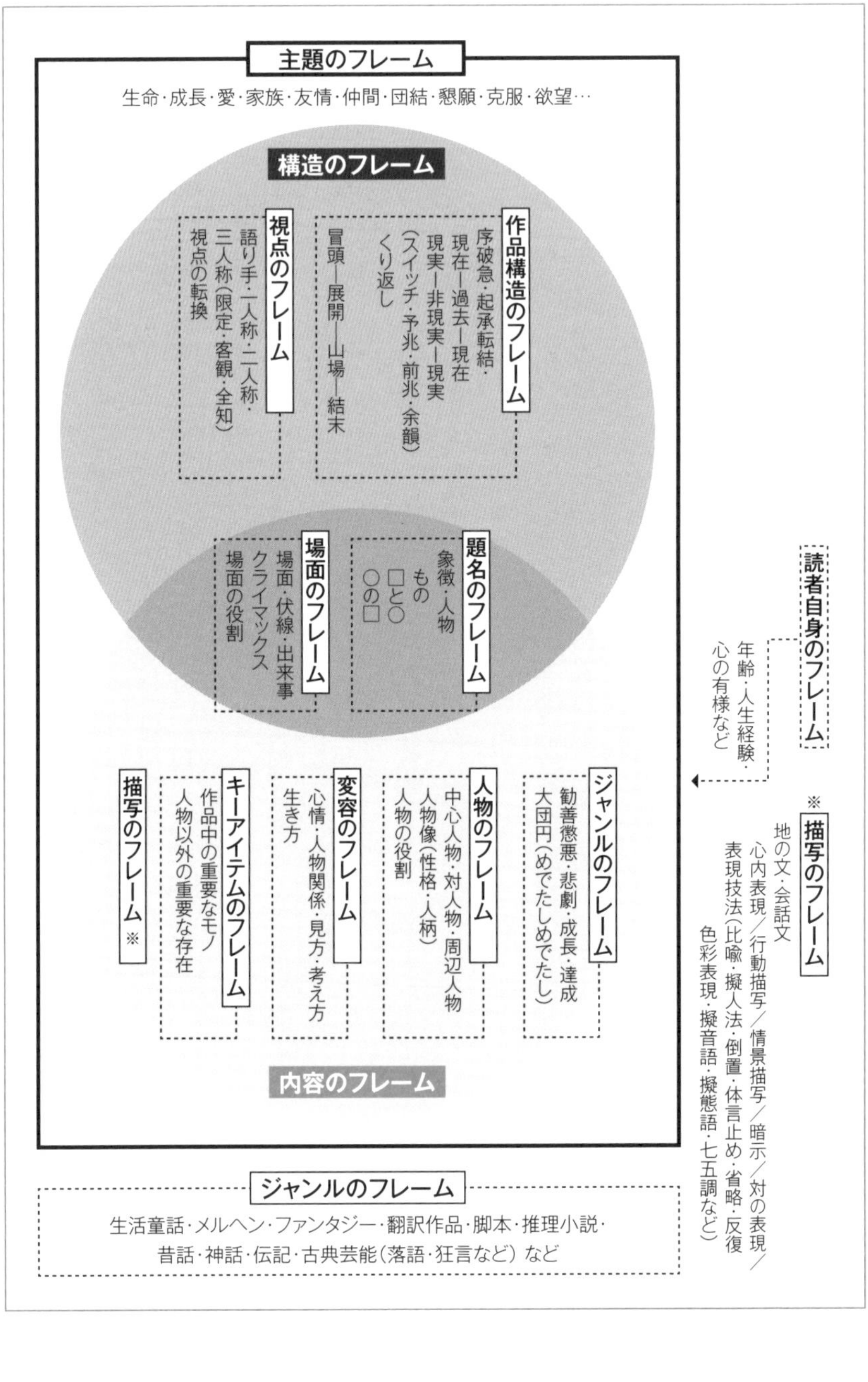
主題のフレーム
生命・成長・愛・家族・友情・仲間・団結・懇願・克服・欲望…
構造のフレーム
作品構造のフレーム
序破急・起承転結・
現在―過去―現在
現実―非現実―現実
（スイッチ・予兆・前兆・余韻）
くり返し
冒頭―展開―山場―結末
視点のフレーム
語り手・一人称・二人称・
三人称（限定・客観・全知）
視点の転換
題名のフレーム
象徴・人物
もの
□と○
○の□
場面のフレーム
場面・伏線・出来事
クライマックス
場面の役割
ジャンルのフレーム
勧善懲悪・悲劇・成長・達成
大団円（めでたしめでたし）
人物のフレーム
中心人物・対人物・周辺人物
人物像（性格・人柄）
人物の役割
変容のフレーム
心情・人物関係・見方・考え方
生き方
キーアイテムのフレーム
作品中の重要なモノ
人物以外の重要な存在
描写のフレーム ※
内容のフレーム
ジャンルのフレーム
生活童話・メルヘン・ファンタジー・翻訳作品・脚本・推理小説・
昔話・神話・伝記・古典芸能（落語・狂言など） など
読者自身のフレーム
年齢・人生経験・
心の有様など
※描写のフレーム
地の文・会話文
心内表現／行動描写／情景描写／暗示／対の表現／
表現技法（比喩・擬人法・倒置・体言止め・省略・反復
色彩表現・擬音語・擬態語・七五調など）

図2　説明文における12のフレーム

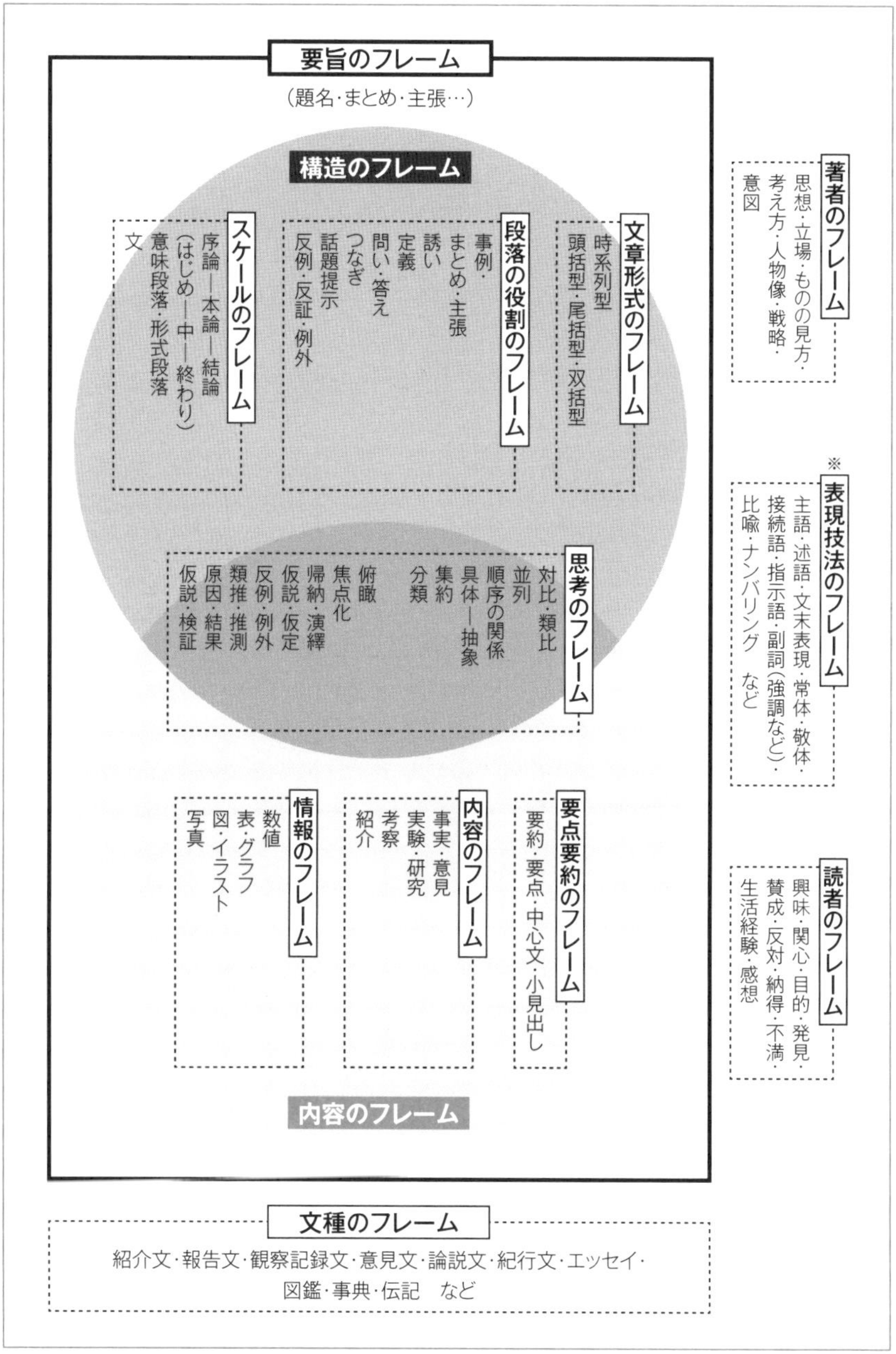

焦点化・検証（精査・解釈）				統合・再構築（考えの形成）	
視点	キーアイテム	場面	描写	題名	主題
語り手 （おおきなかぶ） 一人称 （ずうっと、ずっと、大すきだよ）	重要なモノ （おおきなかぶ）	場面 （くじらぐも） 出来事 （おおきなかぶ）	地の文 会話文 反復 擬音語 擬態語	モノ （おおきなかぶ） 人物 （くじらぐも）	協力 （おおきなかぶ） 家族 生命 （ずうっと、ずっと、大すきだよ）
語り手 （スーホの白い馬）			強調 比喩 倒置	モノ （お手紙） 〇の□ （スーホの白い馬） 人物 （スイミー）	友達・友情 （お手紙） 成長 達成 協力 （スイミー）
語り手 （モチモチの木）	重要な存在 （モチモチの木） 重要なモノ （まいごのかぎ）	クライマックス 場面 クライマックス （モチモチの木）		〇の□ （モチモチの木） （まいごのかぎ） （ちいちゃんのかげおくり） 場所 （三年とうげ）	勇気 優しさ （モチモチの木） 自分らしさ （まいごのかぎ） 発想 （三年とうげ） 家族・生命 （ちいちゃんのかげおくり）
視点 （白いぼうし） 三人称限定 （ごんぎつね） 三人称客観 （一つの花） 視点の転換 （ごんぎつね）	重要な存在 （ごんぎつね） （プラタナスの木） 重要なモノ （一つの花） （白いぼうし）	伏線 （白いぼうし） （ごんぎつね）	色彩表現 （白いぼうし） （初雪のふる日） 情景描写 （ごんぎつね） 暗示 （ごんぎつね）	モノ （白いぼうし） 〇の□ （一つの花） （初雪のふる日） 人物 （ごんぎつね）	優しさ （白いぼうし） 機転 （初雪のふる日）
視点の転換 三人称限定 （大造じいさんとガン） （たずねびと）	重要な存在 （大造じいさんとガン） （たずねびと）	出来事 クライマックス （大造じいさんとガン）	心内表現 （大造じいさんとガン） 情景描写 （たずねびと） （大造じいさんとガン） 前兆 （たずねびと）	〇と□ （大造じいさんとガン） キーワード （なまえつけてよ） （たずねびと）	成長・覚醒 （大造じいさんとガン） 淡い恋 （なまえつけてよ） つながり （たずねびと）
視点人物 （帰り道）	重要な存在 （やまなし） （海の命）	場面の役割 （やまなし）	暗示 （やまなし） （海の命） 色彩表現 （海の命）	場所 （帰り道） 〇の□ （海の命） モノ （やまなし）	生き方 転換 （海の命） 懇願 （やまなし） つながり

表1　物語のフレームリーディングのプロセスと系統表

	俯瞰・仮説（構造と内容の把握）				
	ジャンル	構造	展開	人物	変容
一年	物語 昔話 （おむすびころりん）	くり返し （おおきなかぶ）	大団円 （おおきなかぶ）	登場人物 （おおきなかぶ） （たぬきの糸車）	状況 （たぬきの糸車）
二年	神話 （いなばの白うさぎ）	起承転結 （スイミー） 前話―本題―後話 （スーホの白い馬）	勧善懲悪 （スイミー） 悲劇 （スーホの白い馬）	中心人物 （お手紙） 人物の性格 （ふきのとう）	心情 （お手紙） （スーホの白い馬） 状況 （スイミー車）
三年	ファンタジー （まいごのかぎ） 生活童話 （ちいちゃんのかげおくり） メルヘン （きつつきの商売） 民話 （三年とうげ）	現実―非現実 （まいごのかぎ） 対比 （きつつきの商売） くりかえし （まいごのかぎ）	戦争 （ちいちゃんのかげおくり）	人物像 （モチモチの木）	行動 （モチモチの木） 心情 （まいごのかぎ） （三年とうげ） 状況 （ちいちゃんのかげおくり）
四年	ファンタジー （白いぼうし） （初雪のふる日） 生活童話 （ごんぎつね） 古典文学 （百人一首）	対比 （一つの花）	悲劇 （ごんぎつね） 戦争・平和 （一つの花） 脱出 （初雪のふる日）	対人物 （ごんぎつね） 周辺人物 （プラタナスの木） （初雪のふる日）	人物関係 （ごんぎつね） 状況 （一つの花） （初雪のふる日） 見方・考え方 （プラタナスの木）
五年	伝記 （やなせたかし） 古典芸能 （落語） 古典文学 （漢詩）	くり返し 起承転結 （大造じいさんとガン）	成長 達成 自覚 （なまえつけてよ） （大造じいさんとガン） 戦争 （たずねびと）	人物像 （大造じいさんとガン） （なまえつけてよ） （たずねびと）	人物関係 （なまえつけてよ） 見方・考え方 （大造じいさんとガン） （たずねびと）
六年	古典芸能 （狂言　柿山伏） 伝記 （イーハトーブの夢）	対比 （帰り道） （やまなし）	和解 （帰り道） 生涯 （海の命）	人物関係 （帰り道） （海の命）	人物関係 （帰り道） 生き方 （海の命）

焦点化・検証（精査・解釈）			統合・再構築（考えの形成）		
表現技法	資料	内容	要旨	思考	筆者
主語・述語 （くちばし） （どうぶつの赤ちゃん）	挿絵 （くちばし） イラスト 写真 （うみのかくれんぼ） （じどう車くらべ）	紹介 （くちばし） （うみのかくれんぼ） （どうぶつの赤ちゃん）		対比・類比 （くちばし） （どうぶつの赤ちゃん） 並列 （くちばし） （うみのかくれんぼ）	
主語・述語 （たんぽぽのちえ） 比喩 （たんぽぽのちえ）	挿絵 イラスト （たんぽぽのちえ） 数値 （馬のおもちゃの作り方）	観察 （たんぽぽのちえ） 説明 （馬のおもちゃの作り方） 紹介 （おにごっこ）	まとめ （たんぽぽのちえ） （おにごっこ）	対比・類比 （おにごっこ） 順序 （たんぽぽのちえ） （どうぶつ園のじゅうい） （馬のおもちゃの作り方）	立場 人物像 （どうぶつ園のじゅうい）
主語・述語 常体・敬体 比喩 接続語 指示語 ナンバリング 文末表現 副詞	挿絵 イラスト 写真 （こまを楽しむ） （すがたをかえる大豆） 図 （ありの行列）	紹介 （こまを楽しむ） 実験 観察 研究 （ありの行列）	まとめ （こまを楽しむ） 意見 （すがたをかえる大豆） 考え （ありの行列）	分類 （こまを楽しむ） 理由 根拠 （ありの行列）	立場 人物像 見方・考え方 （こまを楽しむ） （すがたをかえる大豆） （ありの行列）
主語・述語 常体・敬体 比喩 接続語 指示語 文末表現 副詞	挿絵 写真 （アップとルーズで伝える） イラスト 図 表 （ウナギのなぞを追って）	事実 （ウナギのなぞを追って） 意見 （世界にほこる和紙）	意見 主張 （世界にほこる和紙）	具体—抽象 （アップとルーズで伝える） 分類 （アップとルーズで伝える） 理由 根拠 （世界にほこる和紙）	立場 （アップとルーズで伝える） 人物像 （ウナギのなぞを追って） 見方・考え方 （世界にほこる和紙）

表２　説明文のフレームリーディングのプロセスと系統表

	俯瞰・仮説（構造と内容の把握）			焦点化・検証（精査・解釈）	
	文種	形式	スケール	段落の役割	要点・要約
一年	紹介文 （くちばし）	頭括型 （くちばし） （じどう車くらべ） （どうぶつの赤ちゃん）	形式段落 （くちばし） 意味段落 （うみのかくれんぼ） （どうぶつの赤ちゃん）	問い・答え （くちばし） （うみのかくれんぼ） （じどう車くらべ） 紹介 （くちばし）	
二年	観察記録文 （たんぽぽのちえ） 紹介文 （どうぶつ園のじゅうい） 説明書 （馬のおもちゃの作り方）	時系列型 （たんぽぽのちえ） （どうぶつ園のじゅうい） （馬のおもちゃの作り方） 尾括型 （おにごっこ）	はじめ―中―終わり （おにごっこ） 形式段落 （どうぶつ園のじゅうい） 意味段落 （馬のおもちゃ） （おにごっこ）	問い・答え 話題提示 （たんぽぽのちえ） まとめ （たんぽぽのちえ） （おにごっこ）	小見出し （たんぽぽのちえ） （どうぶつ園のじゅうい） （馬のおもちゃの作り方） （おにごっこ）
三年	紹介文 （こまを楽しむ） （すがたをかえる大豆） 実験観察文 （ありの行列）	尾括型 （こまを楽しむ） （ありの行列） 双括型 （すがたをかえる大豆）	はじめ―中―終わり （こまを楽しむ） 形式段落 （すがたをかえる大豆） 意味段落 （すがたをかえるだ大豆）	問い・答え （こまを楽しむ） 話題提示 まとめ つなぎ （ありの行列） 定義 （すがたをかえる大豆） 事例 段落構成図（こまを楽しむ） （すがたをかえる大豆）	小見出し （こまを楽しむ） （すがたをかえる大豆） 中心文 （こまを楽しむ） （すがたをかえる大豆） 要点 （こまを楽しむ） （すがたをかえる大豆） 要約 （こまを楽しむ）
四年	紹介文 （アップとルーズで伝える） 意見文 （世界にほこる和紙） 報告文 （ウナギのなぞを追って）	双括型 （アップとルーズで伝える） （世界にほこる和紙） 時系列型 （ウナギのなぞを追って）	序論―本論―結論 （アップとルーズで伝える） （世界にほこる和紙） 形式段落 （世界にほこる和紙） 意味段落 （アップとルーズで伝える）	つなぎ 定義 （アップとルーズで伝える） 事例 呼びかけ段落 構成図 （アップとルーズで伝える）	小見出し （アップとルーズで伝える） 中心文 要点 （世界にほこる和紙） 要約 （世界にほこる和紙） （ウナギのなぞ）

焦点化・検証（精査・解釈）			統合・再構築（考えの形成）		
表現技法	資料	内容	要旨	思考	筆者
主語・述語 常体・敬体 比喩 接続語 指示語 ナンバリング 文末表現 副詞	挿絵 イラスト 図 表 グラフ （固有種が教えてくれること）	事実 （言葉の意味が分かること） 意見 （想像力のスイッチを入れよう） 根拠 （固有種が教えてくれること）	意見 主張 （言葉の意味が分かること） （固有種が教えてくれること） （想像力のスイッチを入れよう）	具体—抽象 （言葉の意味が分かること） 分類 （言葉の意味が分かること） 帰納 演繹 （言葉の意味が分かること） 仮説・仮定 （想像力のスイッチを入れよう） 反例・例外 原因・結果 （固有種が教えてくれること）	立場 （言葉の意味が分かること） 人物像 見方・考え方 意図 （言葉の意味が分かること） 戦略 （固有種が教えてくれること） （想像力のスイッチを入れよう）
主語・述語 常体・敬体 比喩 接続語 指示語 ナンバリング 文末表現 副詞	挿絵 （「鳥獣戯画」を読む） イラスト 図 表 グラフ	事実 （時計の時間と心の時間） 意見 根拠 （「鳥獣戯画」を読む）	意見 主張 （時計の時間と心の時間） （「鳥獣戯画」を読む）	俯瞰 焦点化 （「鳥獣戯画」を読む） 帰納 （「鳥獣戯画」を読む）演繹 仮説・仮定 反例・例外 原因・結果 （時計の時間と心の時間）	立場 人物像 見方・考え方 （「鳥獣戯画」を読む） 意図 戦略 （時計の時間と心の時間）

	俯瞰・仮説（構造と内容の把握）			焦点化・検証（精査・解釈）	
	文種	形式	スケール	段落の役割	要点・要約
五年	論説文 （言葉の意味が分かること） （固有種が教えてくれること）	双括型 （言葉の意味が分かること） （固有種が教えてくれること） （想像力のスイッチを入れよう）	序論―本論―結論 （言葉の意味が分かること）	つなぎ （固有種が教えてくれること） 定義 事例 （言葉の意味が分かること） 呼びかけ （想像力のスイッチを入れよう） 反例・例外 段落構成図 （言葉の意味が分かること） （固有種が教えてくれること）	小見出し 中心文 要点 要約
六年	論説文 （時計の時間と心の時間） （「鳥獣戯画」を読む）	尾括型 （「鳥獣戯画」を読む） 双括型 （時計の時間と心の時間）	序論―本論―結論 （時計の時間と心の時間）	つなぎ 定義 （時計の時間と心の時間） 事例 呼びかけ 反例・例外 段落構成図	小見出し 中心文 要点 要約

3 子どもが学びをつくる

(1) 子どもの中にあるフレームが学びをつくる

子どもの資質・能力の育成を目指す学びは、何よりも、学び手である子ども自身が、主体的・能動的でなければなりません。やらされている、受け身の授業では、子どもの力は伸びません。子どもが自分の力で課題を設定し、その解決のために試行錯誤して、学びの成果をアウトプットする、こうした一連の学びのプロセスを可能にするのがフレームリーディングであると考えています。なぜならば、子どもの頭の中に、課題設定の基となる「目のつけどころ」をもたせることができるからです。目のつけどころとは、すなわちフレームです。前に示したような、様々なフレームを子どもがもつことによって、そのフレームを駆使して、文章を読むことができます。その上で、自分のフレームに当てはめて、「ここはどうなっているのだろう」「自分がもっているフレームにうまく当てはまらないぞ」というように、疑問をもちます。その疑問が、これから読み進める上での課題になっていくのです。つまり、より多くのフレームをもっている子どもほど、文章をより多面的、多角的に読むことができ、それに応じた多様な課題が設定できる、ということになります。

(2) 個別最適な学びに向けて

子どもは、自分の中に蓄積されているフレームをもとに、自分なりの課題意識をもって文章を読み進めることができます。子どもがもっているフレームは子ども一人ひとりのものですから、個別に自分のフレームを駆使した読みの学習活動を展開することができます。「自分はこの目のつけどころにこだわって読んでみよう」という意識で学びを進める子どもが展開するのは、まさに個別最適の学びということになります。ただし、個別の目のつけどころが、その作品の特性に合ったものでなければ、もったいない学びが繰り広げられるということになります。そこで、教師が、個々の目のつけどころがどのようなもので、それにもとづいてどのような学びが行われているかを見ていく必要があります。子どもの目のつけどころに応じて、助言をしたり、共感したり、時には軌道修正を促したりします。それが教師のファシリテーションです。今まで黒板の前で、クラスの子どもたち全員に行ってきた指導助言を、これからは、できるだけ個別に行っていくという発想が必要です。そうは言っても、クラス全員の子どもの学びの状況を毎時間すべて見取ることはまず不可能です。そこで、次の二つの発想が大切です。

◆任せてもよいと判断した子どもの学びは、そのまま任せる。手立ての必要な子どもに重点的に関わる。

◆一時間で勝負しない。何時間かかけての単元の中で、子どもの学びを見るようにする。

こうした考え方で子どもの学びを見ようと思えれば、少しゆとりができると思います。

どの子どもに重点的に関わるかは、前時までの子どものふり返りを読んで判断することができます。この子はこの先苦労しそうだと予想できたら、その子どもの様子をよく見るようにします。前もって、転ばぬ先の杖のような手助けはしない方が子どものためです。子どもの力が伸びるときは、子どもが困ったときです。自分の困った状態を打破するために、子どもはいろいろと試行錯誤します。この試行錯誤が学びの本質です。子どもが自分の力でやってみて、うまくいかなくて、また次の方法を考える、このプロセスにこそ学びがあります。教師は、その学びを妨げることなく、また先んじて助けてしまうことなく、サポートできるタイミングを見計らって声をかけるのが理想的です。個別最適な学びは、子ども自身の力と経験の積み重ねで醸成されます。

(3) 考えの形成のためのアウトプット

子どもがどのような学びをしてきたかは、アウトプットの活動で見ることができます。逆に言えば、アウトプットされなければ子どもの思考や学びの成果は見ることができません。アウトプットの活動は、子どもが自分の学びの成果を確かめるものでもあり、アウトプットの活動に向けて毎時間の積み重ねが行われる、学びの目的でもあります。「単元を貫く言語活動」の重要性がクローズアップされた時期がありましたが、この発想はとても大切です。しかし、その活動があまりにも重視されすぎて、活動の「結果」のみに目が行くようになってしまうと、それは本末転倒です。結果としての表現活動や作品の出来映えに目が行き、それらが評価の対象となるのは間違いです。評価すべき学びは、その過程にあるのですから。

本書で紹介しているアウトプットの活動は、短時間でできるもの、子どもがより意欲的にやってみたいと思えるものです。しかも、それまでのフレームリーディングのプロセスが効果的に生かせるものとして設定した活動になっています。アウトプットの活動そのものを、子どもが選択して行うという考えも個別最適な学びを創る上では大切です。

アウトプットの活動を交流し合うことで、子ども同士が、自分の学びを見直し、仲間の学びのプロセスや成果を自分の学びに取り込むことになります。これが「共有」です。交流は活動そのものですが、共有は、そこに思考活動が含まれます。「自分の悩んでいたことは、こういうことだったのだ」「自分の読みと仲間の読みとは、ここが同じだけど、ここはちょっと違っているな。そういう解釈もあるんだな」などと、仲間の学びを自分の中に取り込んで、自分の学びをバージョンアップすることが大切です。そうしてまた新たな考えが形成されることになります。

(4) 子どもが自分の学びをふり返る

学びを創るときに大切なのが、「ふり返り」です。ふり返りは本来、授業の終わりに時間を取って一斉に行われるという形式的なものではありません。子どもは学びの過程で常に自分の学びをモニタリングしています。同時に、仲間の学びも意識しながら、自分の学びを推進しています。ふり返りは、常に行われているのです。

子どものふり返りを、次の点に配慮しながら、子ども自身が自己評価力を伸ばしていけるようにすることが大切です。

◆自分の学びをいつふり返って、記録に残すかは子どもに任せる（自己評価の場を子どもに委ねる）。
◆どのような観点や規準で自分の学びを評価するかは、子どもに任せる（自己評価の規準を子どもに委ねる）。

◆どのようなスタイルで記録に残すかは、子どもに任せる（自己評価の方法を子どもに委ねる）。

学びが進む中で、子どもは、自分の規準で、自分の方法で、自分のタイミングでふり返りを行います。自分が頑張っているとき、自分が困っているとき、何か新たな発見をしたとき、仲間の学びから刺激を受けたとき、「などなど、様々な場面で、自分の学びをふり返り、そこでの手応え（プラスの場合も、マイナスの場合もあると思いますが）を記録に残すようにします。それが「次はこうしてみたい」という学びを推進する力になっていくのです。ふり返りは、それまでの反省で止まっていたのでは意味がありません。次の学びに向かうエンジンになってこそ、意味のあるふり返りになるのです。そのふり返りを、教師がいかに丁寧に見るかが、子どもの学びをいかに支えていくかにつながるのです。ふり返りに対する教師の反応は、できるだけ早く行うことが理想的です。

II 実践編

―フレームリーディングでつくる
新教材の国語授業

■「まいごのかぎ」（光村図書3年）

観点別グループでの対話や全体交流を通して「不思議のなぞ」をとく授業

この教材のフレームリーディング

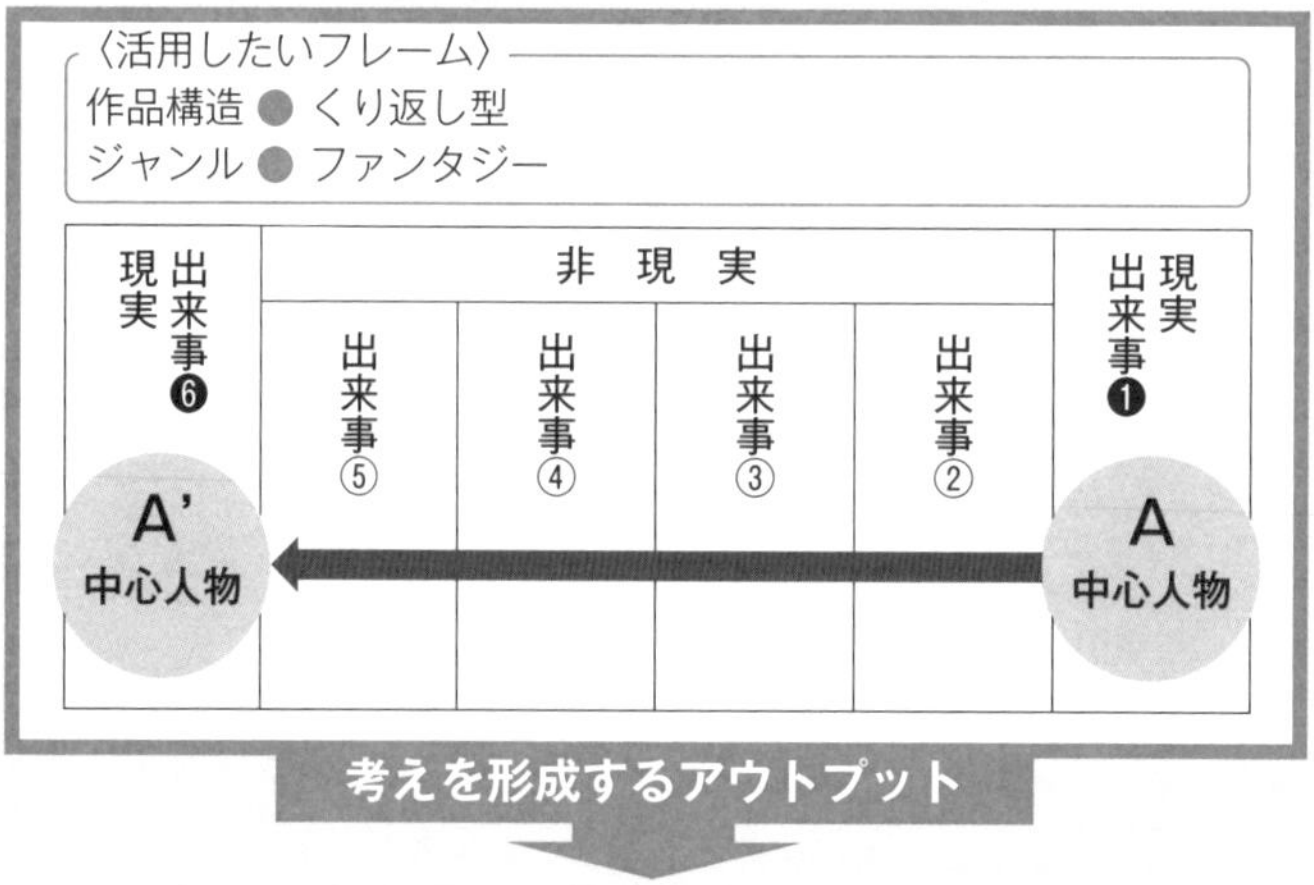
〈活用したいフレーム〉
作品構造 ● くり返し型
ジャンル ● ファンタジー
現実 出来事❶
非現実
出来事②
出来事③
出来事④
出来事⑤
現実 出来事❻
A 中心人物
A' 中心人物
考えを形成するアウトプット

「物語から受け取ったメッセージを伝え合おう」
表現方法は学習者自身が選択・決定・工夫をする

教材研究のポイントと身に付けたい資質・能力

1 不思議が生まれるとき〈作品の特性となぞ〉

本学習材はファンタジー作品であり、「まいごのかぎ」という題名そのものが「かぎがまいごになるってどういうことだろう」「誰のかぎだろう」と読み手の興味をひく仕掛けとなっている。読み進めると、りいこの拾ったかぎをめぐって不思議な出来事が次々と起こる。

最後には、かぎは消えてしまい「かぎは一体どこにいったのだろう」「なぜ消えたのだろう」という疑問が、子どもの「なぞ」として残される。このなぞときを、単元を貫く課題として設定し、単元計画を立てる。

2 不思議が動き出すとき〈キーアイテムたち〉

子どもは、課題解決の手がかりとして、次のものに注目する。

【うさぎ】りいこの手によって消されたはずのうさぎが、最後の場面で再び現れる。その理由を考えることで、うさぎはりいこの心の中の〝自信〟〝自由さ〟〝自分らしさ〟そのものを表していることが分かる。

うさぎは、りいこのもうひとつの姿であると解釈する子どももいると予想される。

【かぎ】かぎは、自信を失っているりいこを選んで現れたのではないかということに気づく。元気を取りもどすための重要アイテムであるかぎが、好奇心や挑戦する気持ちや試してみることの大切さを暗示している。

【うさぎとかぎの関係】うさぎを消してしまった後にかぎが現れ、非現実の世界へと入っていき、うさぎが再び現れるとともにかぎは消えて現実の世界にもどる。「うさぎ」と「かぎ」を重ねて考えることで、「うさぎ」はりいこに自分を取りもどさせるための重要な存在ではないかという考えが生まれる。

3 不思議の追究〈観点別グループでのなぞとき〉

かぎの正体を追究するために、今回は、観点別グループに分かれて話し合い、後に交流・共有する。観点（フレーム）は①出来事②うさぎ③かぎ④りいこの行動と台詞（心内語）とし、自分の考えたい観点を選び、選択した観点のグループごとに学びを深めていく。

それぞれ、読み解く観点は違っても、それぞれのグループのこだわりをまとめていくと、りいこの変容が明確になり、かぎがなぜ現れ、消えたのかが解明されていく。ここでは、特に、四つのグループをつなぐ教師のファシリテーション力が問われる。

4 不思議が心に響くとき〈メッセージを受け取る〉

ファンタジーは、現実離れをした面白い体験をさせてくれるだけではない。「現実」よりも深く読み手の心を動かす力にあふれている。りいこと共に悲しんだり驚いたり喜んだりしながら、いつのまにか読み手自身の生き方を見つめているのである。

この作品から「自信をもって自分らしく生きよう」「自分の可能性を信じて勇気をもって一歩踏み出そう」「成長していく上でよけいなことなんてないんだね」など自分の経験と重ねながら、子ども自身の言葉でメッセージを受け取らせたい。

□フレームリーディングのための発問と単元構想

STEP 1

単元を貫く課題を設定し、単元計画を立てる

【構造と内容の把握】

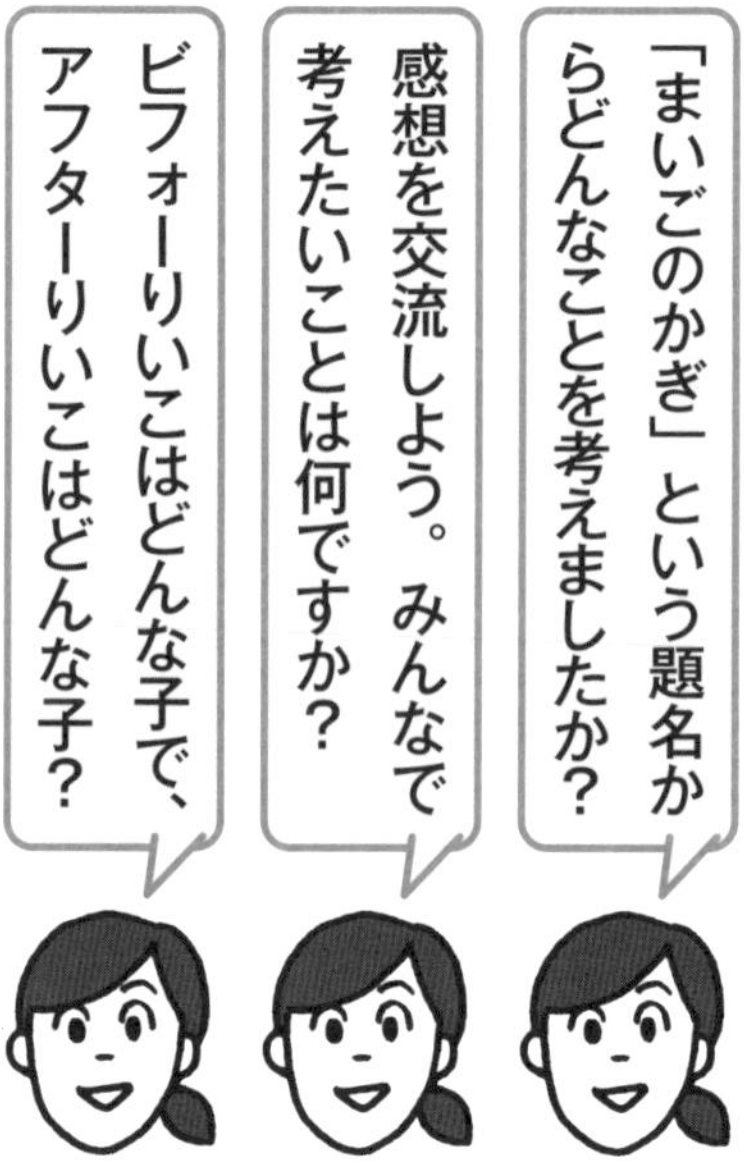
「まいごのかぎ」という題名からどんなことを考えましたか?
感想を交流しよう。みんなで考えたいことは何ですか?
ビフォーりいこはどんな子で、アフターりいこはどんな子?

［第1時］

題名読みで「かぎが迷子になるってどういうこと?」「誰のかぎ?」等、かぎについてのなぞをもった子どもたちは、物語を読む基本フレーム（Ⅰ章参照）を使って、中心人物りいこの変容にも気づいていく。

「なぜりいこのもとへ現れたの?」「『かぎ』と『りいこの変容』の関係は?」「かぎはどこへ行ったの?」など、初読後に生まれた素直な疑問を大切にして物語の「なぞ」を解いていくことを、単元を貫く課題に設定し、学習計画を立てる。

また、物語の前半・後半の場面を比べ、変容前後のりいこの人物像に迫る。

STEP 2

観点別グループでの対話や全体交流を通して、りいこの変容をとらえ、「なぞ」を解く

【精査・解釈】

［第2・3時］（本時）

ステップ2では、「なぞ」を解くために、何に目をつければよいか考える。この目のつけどころ（観点）をもとに、観点別グループに分かれて学びを深めていく。

「なぞ」をとくためには、どんなことに目をつけて考えたらよいですか？
りいこはどこでどのように変わったのでしょう？
かぎの正体は何でしょう？
この物語から自分が感じたことやメッセージを書きましょう。

目のつけどころ（観点）の例

・出来事（かぎをどこに何回さしたか）
・りいこの行動とセリフ（心内語）
・うさぎ
・かぎ

観点別のグループで文章全体を読み進め、「なぞ」の解明に迫る。その際、教師は、学びの推進のため、それぞれのグループの話し合いの内容に耳を傾け、停滞しているようであったら、適切な発問で読みを引き上げていく。

授業後半では、グループごとに発表・交流する。各グループのこだわりや発見をつないで考えることで、りいこの変容とうさぎやかぎの関係がとらえられ「なぞ」が解かれていく。最後は、物語から感じたことや受けとったメッセージを表現していく。

STEP 3 自分で選んだ方法で考えをアウトプットする

【考えの形成・共有】

【第4時】

「あなたならどこにかぎをさす？」（絵と文章で表現）「再登場したうさぎからりいこへメッセージを書く」等、今までの学習で学んだことを、どんな方法で表現したらより伝わるかを選ばせることで、学びの主体者であることを自覚させる。

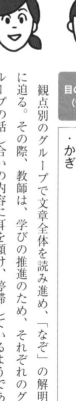

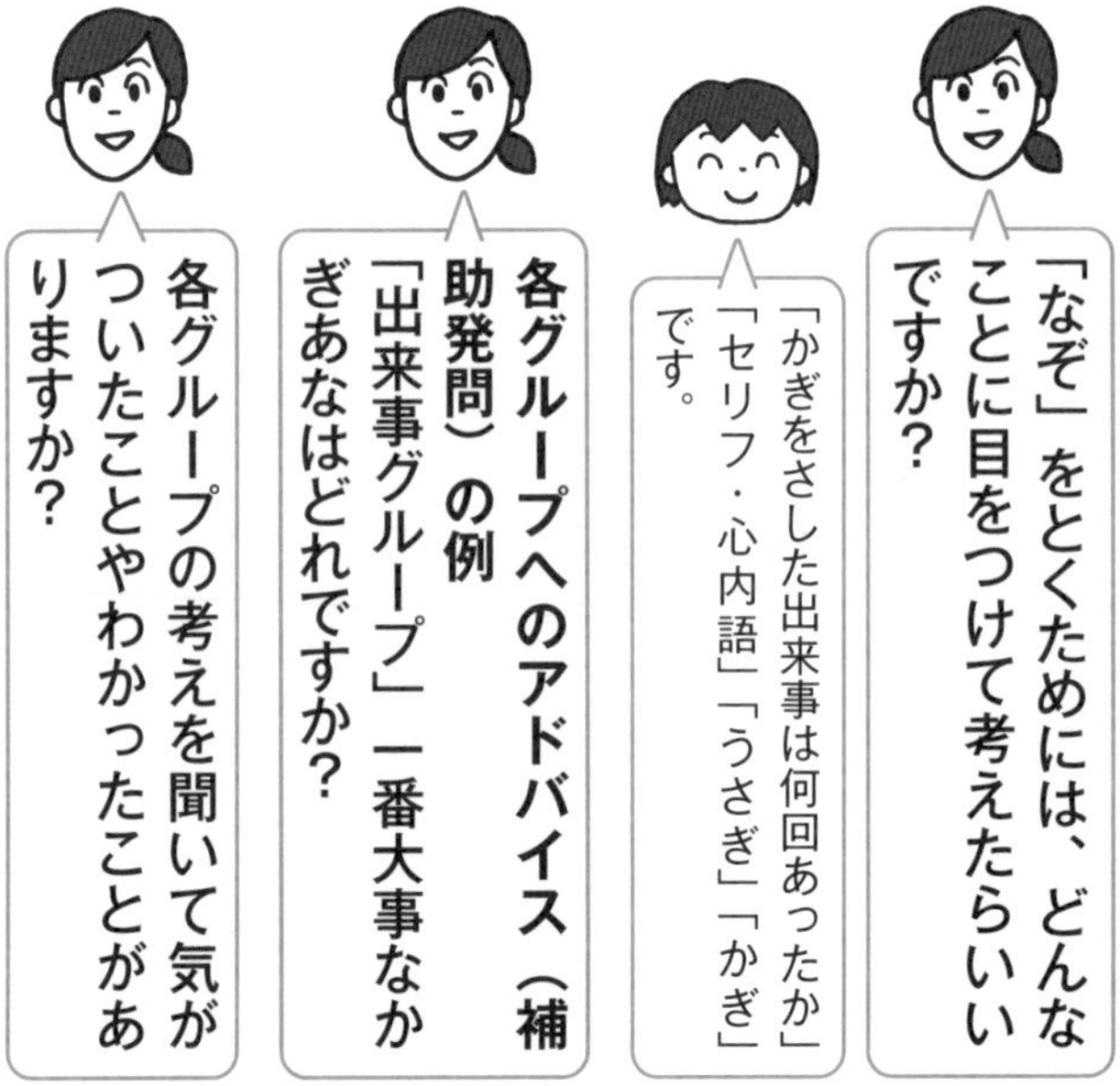
「なぞ」をとくためには、どんなことに目をつけて考えたらいいですか？
「かぎをさした出来事は何回あったか」「セリフ・心内語」「うさぎ」「かぎ」です。
各グループへのアドバイス（補助発問）の例「出来事グループ」一番大事なかぎあなはどれですか？
各グループの考えを聞いて気がついたことやわかったことがありますか？

本時のねらい

グループ別（観点別）になり、それぞれの目のつけどころに沿って話し合い、発見したことを整理し、それを交流する。その上で、物語から受け取ったメッセージをまとめ、自分なりの言葉で表現する。

指導のポイント

1 「目のつけどころ」を見つけ、グループ別に分かれる

「かぎのなぞ」を解明するために、どこに目をつけたらよいかを考える。自分でグループを選択し、分かれて対話する。その際、後に交流することを確認しておく。交流方法については、寸劇・ニュース番組風・紙芝居等、自由とする。

グループの人数は、子どもの気持ちを大切にし、教師の都合で調整しないようにする。思考をまとめたり表現したりできるよう、各グループにホワイトボードを準備する。

2 グループ内で対話する

教師は、思考の流れを助けたり深めたりすることができる

この物語から受け取ったメッセージはどんなことですか？
「みんなも好きに走ってみたかったんだ」と気づいた時に、りいこは大きく変わったのが分かりました。みんなの姿から、人の目を気にしなくてもいいんだということに気づいたのだと思いました。
かぎはどこに行ったのでしょうか？　かぎの正体を考えましょう。
「まいごのかぎ」とは、「自由や自信を失って心がまいごになっている人を助けるためのものでした。だから、自信を取りもどしたりいこの元から消えたのだと分かりました。かぎはきっと、次にまた、自信を失っている人のところに現れると思います。

よう、グループごとにアドバイス（補助発問）をする。その際、各グループが何にこだわり、どのなぞを解き明かそうとしているかを把握し、アドバイスすることが重要である。また、子どものグループ間移動は自由とする。

3　全体で交流する

思考をつなげ深められるよう、発表させる順番に留意する。まず「出来事」や「りいこの行動やセリフ」グループから発表させ、りいこの変容（いつ、どのように変容したのか）をとらえる。次に「うさぎとかぎの関係」グループに関連づけて発表させ「かぎはどこに行ったのか。正体は？」の疑問についての考えを述べさせながら「りいことかぎの関係」や「かぎのなぞ」の解明へと道筋をつくる。

単なる発表会にならないよう、それぞれの発表から見えてきたものをつなぎ合わせながら板書を創り、クラス全体の読みとして共有させる。

4　受け取ったメッセージを自分なりの言葉で表現する

物語では、中心人物は非現実の世界で成長をする構造となっている。りいこと同化して読み進めた子どもが、どのように理解を深めたか、表現した言葉から見取っていく。

板書計画

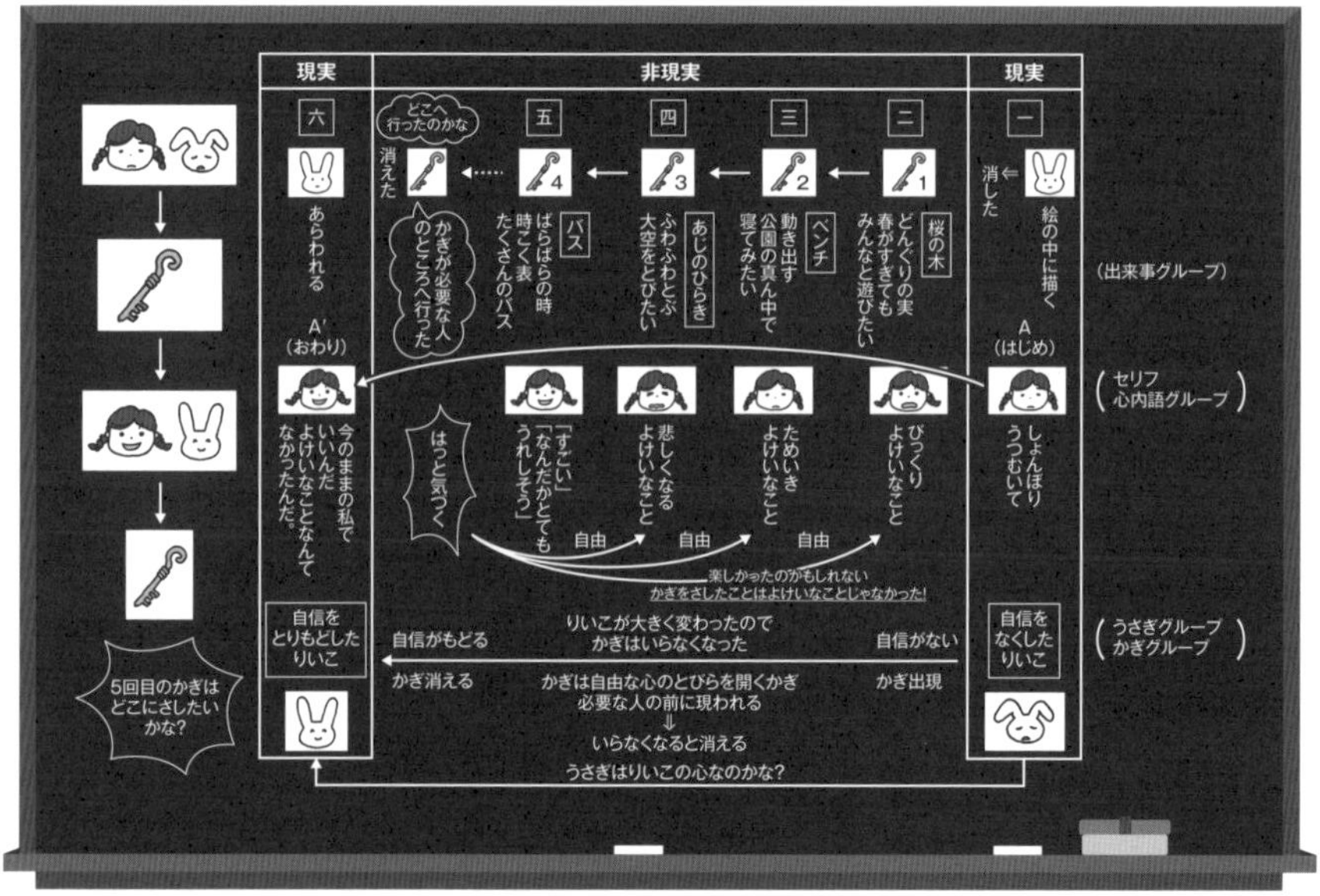

板書のポイント

1　各グループでホワイトボードなどを自由に活用する

グループごとで討議するために、大小さまざまなホワイトボードを準備する。教室の黒板を使って、軸となる「出来事」を整理するのもよい。

2　「なぞの解明」のために、全ての観点をつなげる

課題別に読み取ったことを板書でつなぐのは、教師の仕事である。子どもの発表をもとに「りいこ」と「うさぎ」と「かぎ」の関係を見える化すれば、それぞれの課題は主題につながっていることがわかる。

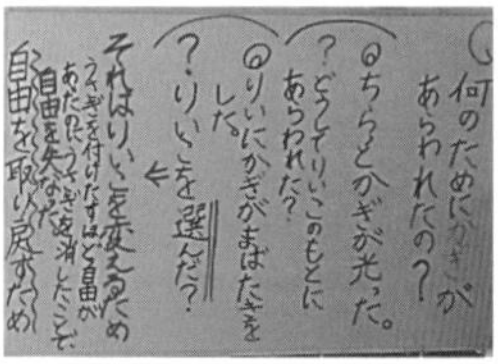

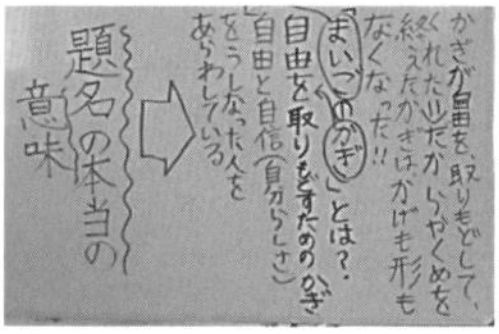

「かぎグループ」の思考の跡

「うさぎグループ」の思考の跡

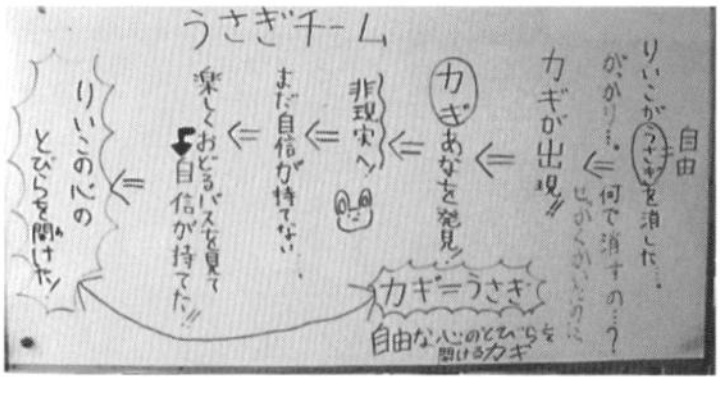

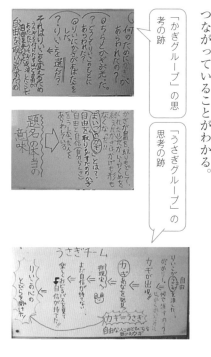

□アウトプットの活動

本単元でのアウトプット活動として、「あなたなら、どこにかぎをさす？」「最後に再登場したうさぎは、りいこにどんな言葉をかけている？」「登場人物へのお手紙」など、学習者が「なぞ」を解決することを通して考えたことを、活動課題から選んでまとめ、発表させる。

実践例

『あなたなら、どこにかぎをさす？』

中心人物に共感しながら物語を読み、心の変容をとらえてきた学習者が、次は自分自身の生き方と重ねて自分なりの読みを表現していく。五回目があるとしたら、自分はどこにかぎをさすか考えることで、これまでの自分を見つめ直し、なりたい自分を絵と文で表現できた。

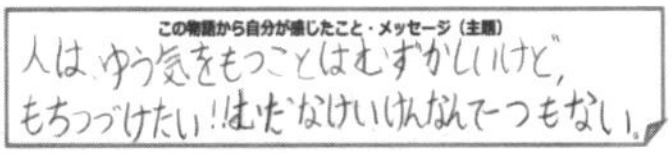
この物語から自分が感じたこと・メッセージ（主題）
人は、ゆう気をもつことはむずかしいけど、もちつづけたい!!むだなけいけんなんて一つもない。

自分の心にエールを送るようなメッセージを書くことができている。

「好き勝手＝自由」ではなく、自分の心の中にある「本当の自由」を大切にすることであると気づいている。また、友達の考えをメモし、自分の考えを広げている。

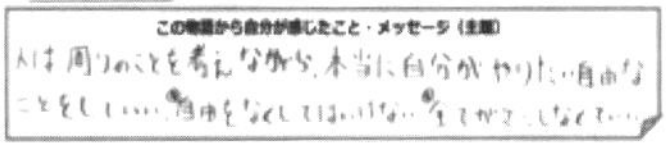
この物語から自分が感じたこと・メッセージ（主題）
人は周りのことを考えながら、本当に自分がやりたい自由なことをしていい。

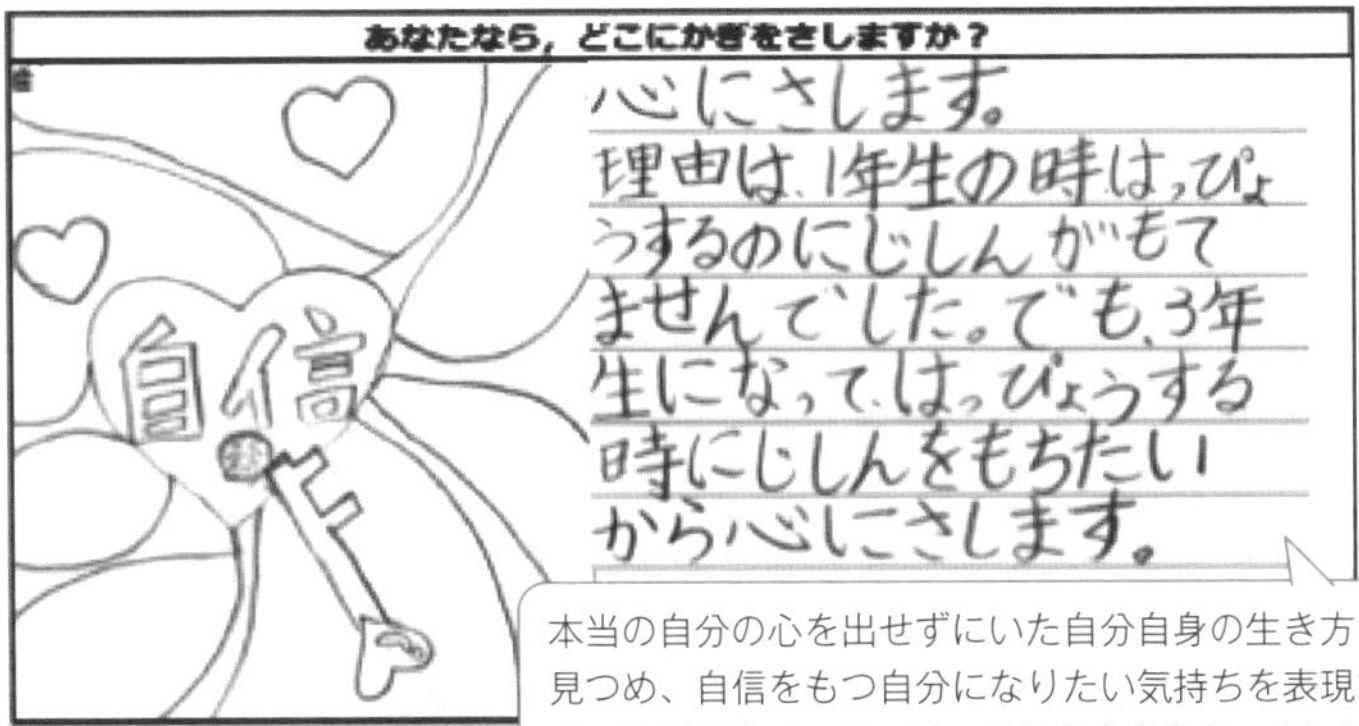
あなたなら，どこにかぎをさしますか？
絵
自信
心にさします。
理由は、1年生の時はっぴょうするのにじしんがもてませんでした。でも、3年生になって、はっぴょうする時にじしんをもちたいから心にさします。

本当の自分の心を出せずにいた自分自身の生き方を見つめ、自信をもつ自分になりたい気持ちを表現することが出来ている。りいこから力をもらっている。

■「思いやりのデザイン」(光村図書4年上)

対比を切り口として筆者の主張をとらえる授業

この教材のフレームリーディング

終わり
中
初め
対比
⑤筆者の主張
④事例B
③事例A
②筆者の主張
①話題提示
双括型
〈活用するフレーム〉
文章形式 ● 双括型
思考 ● 効果的に伝えるための対比
考えを形成するアウトプット

「対比まん才を作ろう」

身近にあるものをテーマに二つの事物を取り上げ、それらを観点別に対比させた掛け合いによる漫才をペア・グループで行う。

教材研究のポイントと身につけたい資質・能力

1 文章構成と対比を用いた論の展開

本学習材は「アップとルーズで伝える」の練習として位置づき五つの形式段落からなる双括型の説明文である。

①段落での話題提示をもとに、②と⑤段落では、グラフィックデザイナーである筆者がインフォグラフィックスを作る際、「見る人の立場に立って作る」ことを大切にしているという主張が述べられている。また、それに対する事例として、同じ街の案内図を二通りの表し方で示し、それぞれ③と④段落で対比的に説明している。

③段落で示されているAの案内図は、街を全体的に、「どこにどんな建物があるかを、だれが見てもわかるように」表しており、「街に来た多くの人の役に立つ」ものとなっている。しかし、あらかじめ目的地が決まっている人にとっては、多くの情報があるがゆえにわかりに

くさがあることについて述べている。

一方、④段落で示されているBの案内図は、街を部分的に、「目的地までの道順と目印となる建物だけ」表している。そのため、目的地が決まっている人にとっては「安心して目的地に向かえる」ものとなっている。しかし、町全体の様子を知りたい人にとっては、十分ではない。
③と④段落で全体と部分の案内図を対比しながら違いを明確にしたことを踏まえ、⑤段落ではインフォグラフィックスが見る人の立場に立って作られる「思いやりのデザイン」なのだと強調して主張している。

2 「アップとルーズで伝える」とのつながり

「思いやりのデザイン」と「アップとルーズで伝える」という二つの学習材には大きく三つの共通点がある。

一つ目は、どちらも双括型の文章となっている点である。「アップとルーズで伝える」については、教科書改訂により尾括型から双括型の文章へと変更された。

二つ目は、情報の送り手として大切にすべきことについて書かれた文章という点である。これまで受け手の立場に立つことが多かったであろう子どもたちにとって、文章を読むことを通して、情報の送り手として心がけるべき、新たな視点を得ることにつながるだろう。

三つ目は、主張を支える事例が対比的に取り上げられている点である。全体と部分の案内図、アップとルーズの撮り方といった段落間の対比、取り上げた事例の長所と短所といった段落内の対比がどちらの文章にも見られる。なお、「アップとルーズで伝える」では、写真（新聞）と映像（テレビ）という媒体の対比、情報の送り手と受け手の対比など、より多くの対比がなされている。

このように、共通点が多い二つの文章の連続した学習により、子どもは新たに獲得した「対比」というフレームを用いながら、自らの力で学習を進めることができる。

3 学びを実生活とつなぐ

本学習材での学習を終えた子どもは、伝えたいことを効果的に伝えるために「対比」を用いることのよさを感じていると考えられる。その実感をさらに深め、身につけるべき力を確かなものするために、今回は、実生活の中にある対比へと視点を広げ、「自分事」として考えられるアウトプットの方法にチャレンジした。

□フレームリーディングのための発問と単元構想

STEP 1

キーワードを数え、選ぶ【構造と内容の把握】

「インフォグラフィックス」という言葉は、文章中に何回出てくる？

どの段落の「インフォグラフィックス」が一番大事？

【第1時】

文章を通読後、「この文章のキーワードは何？」と尋ね、「インフォグラフィックス」というキーワードを確認した後に、その数を数える。①②段落に一回ずつ、⑤段落に二回出ており、③④段落には一回も出てこない。

「数える」という活動はどの子どもにとっても取り組みやすいため、文章全体に目を向けることができる。

それぞれが選んだ立場と理由を交流することを通して、各段落の役割を押さえる。①段落は言葉の定義づけであるのに対し、②⑤段落は主張につながっていることがわかる。

また、キーワードが一度も出てこない③④段落にも焦点を当てると、それらが主張を支える事例になっており、違いを比べるように書かれていることに気づく。子どもの意見をもとに「対比」という新たな用語、文章構成を確かめる。

STEP2　事例に使われている対比を数える【精査・解釈】

読者に納得してもらうために、筆者が使っている対比はいくつ？

STEP3　筆者の主張に対する納得度を表現する【考えの形成】

インフォグラフィックスが「思いやりのデザイン」だという筆者の考えに対する納得度は？

【第2時】（本時）

案内図や文章を段落間で対比したり、それぞれの案内図がどのような人の役に立つのか、あるいは役立たないのかという段落内の対比に目を向けさせたりする。そうすることで、筆者が主張に説得力を持たせるために「対比」というフレームを数多く用いている意図をとらえる。

なお、二つの案内図は一見似たように見えるが、Aは出発地である中央駅、Bは目的地である中央小学校がそれぞれ案内図の真ん中に位置付いており、見る人の立場に立って作られている。

最後は筆者の主張に対して自分の考えを形成するための発問である。インフォグラフィックスが見る人の立場に立って作られた「思いやりのデザイン」であるという主張に対して、自分はどこまで納得できるかを考える。子ども一人一人が納得度をパーセンテージで判断し、その理由を併せて記述する。

□フレームリーディングでつくる一時間の授業【第2時】

読者に納得してもらうために、筆者が使っている対比はいくつ？
Aの案内図は街に来た多くの人に、Bの案内図は目的地が決まっている人に役立つことが対比して書かれています。
段落の中にも、その案内図がどんな人にとって役立つのか、役立たないのかが対比されています。
図も対比されているのかな。Aの案内図を見れば、目的地が決まっている人もわかるように感じます。

本時のねらい

本時は、事例の中にいくつの対比が使われているか数えることを通してズレを出させている。対比を切り口としてインフォグラフィックスとはどのようなデザインなのかを考えることを通して、筆者の主張をとらえていく。

指導のポイント

1　対比の数を問う

事例の中にいくつの対比が使われているかを問うことで、段落間や段落内の文章、二つの案内図の関係に目を向けさせていく。

なお、二つの案内図を見るとAがBを包み込んでいるように感じられ、子どもにとっても違いがわかりづらいことが予想される。文章と丁寧に対応させながら、Aが出発地を真ん中にして多くの建物が示されていること、Bが目的地を真ん中にして目印と道順を示していることに気づかせる。

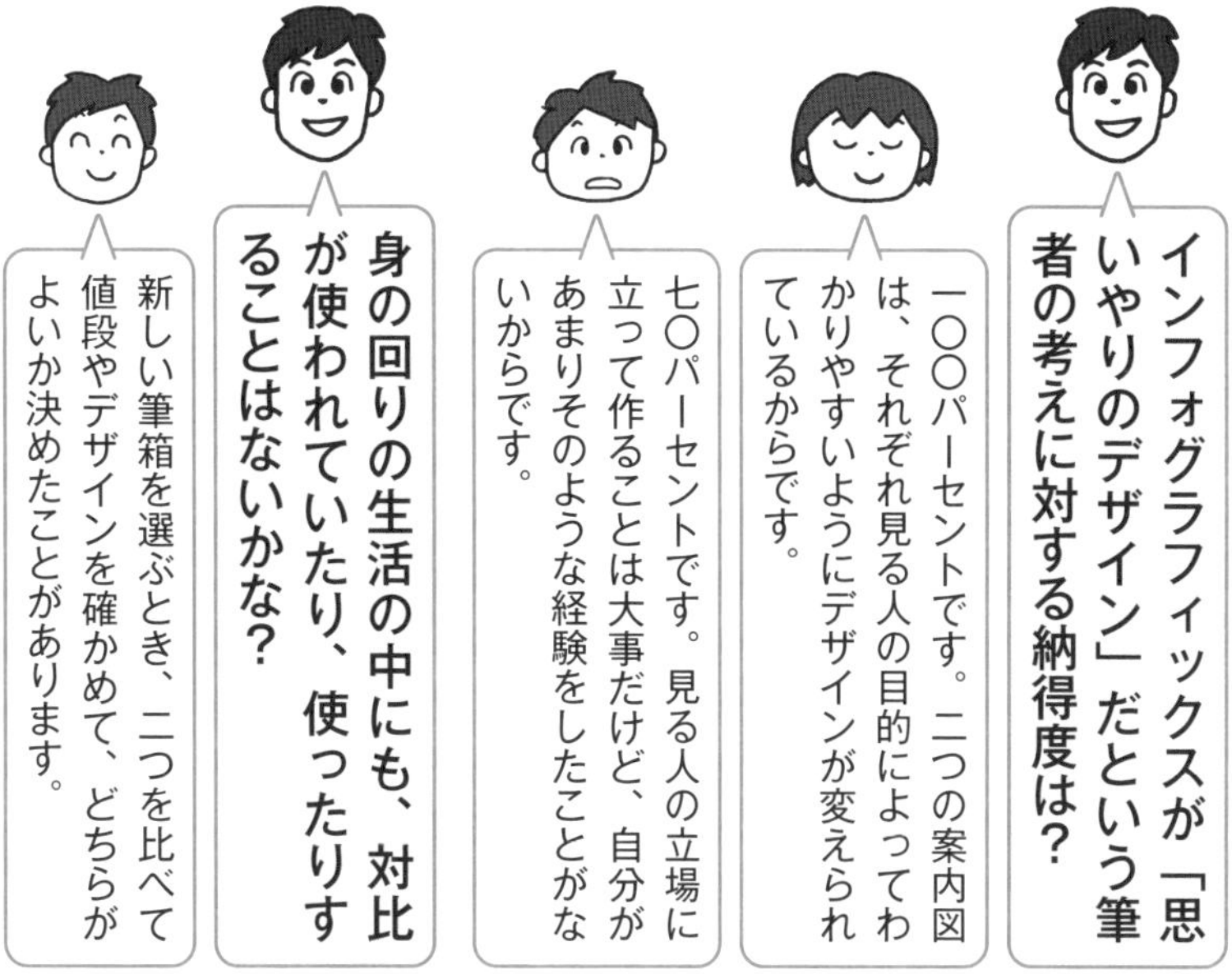
インフォグラフィックスが「思いやりのデザイン」だという筆者の考えに対する納得度は？

一〇〇パーセントです。二つの案内図は、それぞれ見る人の目的によってわかりやすいようにデザインが変えられているからです。

七〇パーセントです。見る人の立場に立って作ることは大事だけど、自分があまりそのような経験をしたことがないからです。

身の回りの生活の中にも、対比が使われていたり、使ったりすることはないかな？

新しい筆箱を選ぶとき、二つを比べて値段やデザインを確かめて、どちらがよいか決めたことがあります。

2　筆者の主張に対する自分の考えをもつ

事例を対比的にとらえたことを踏まえ、インフォグラフィックスが「思いやりのデザイン」であるという筆者の主張に対する納得度を考え、それぞれ判断する。パーセンテージで表すことによって、できる・できないという二択に限定することなく、部分的に納得できるなど、それぞれの考えをより正確に表現することが期待できる。

自分の納得度に対して、そのように考えた理由を記述することで主張に対する自分の考えを明確にするとともに、友達と交流することによって一人一人の感じ方の違いに気づかせ、多面的なとらえ方ができるようにする。

3　実生活とつなぎ、自分事としてとらえる

学習材で学んだことを、実生活とつないでいくための発問を設定する。子どもは、これまでの生活の中で無自覚のうちに「比べる」という経験をしてきている。それぞれが経験を想起し、交流していくことを通して、「対比」が自分の生活に関わりのあることを自覚できるようにする。また、対比することのよさを感じ、生活の中で物事を対比的にとらえることができるような力を育みたい。

板書計画

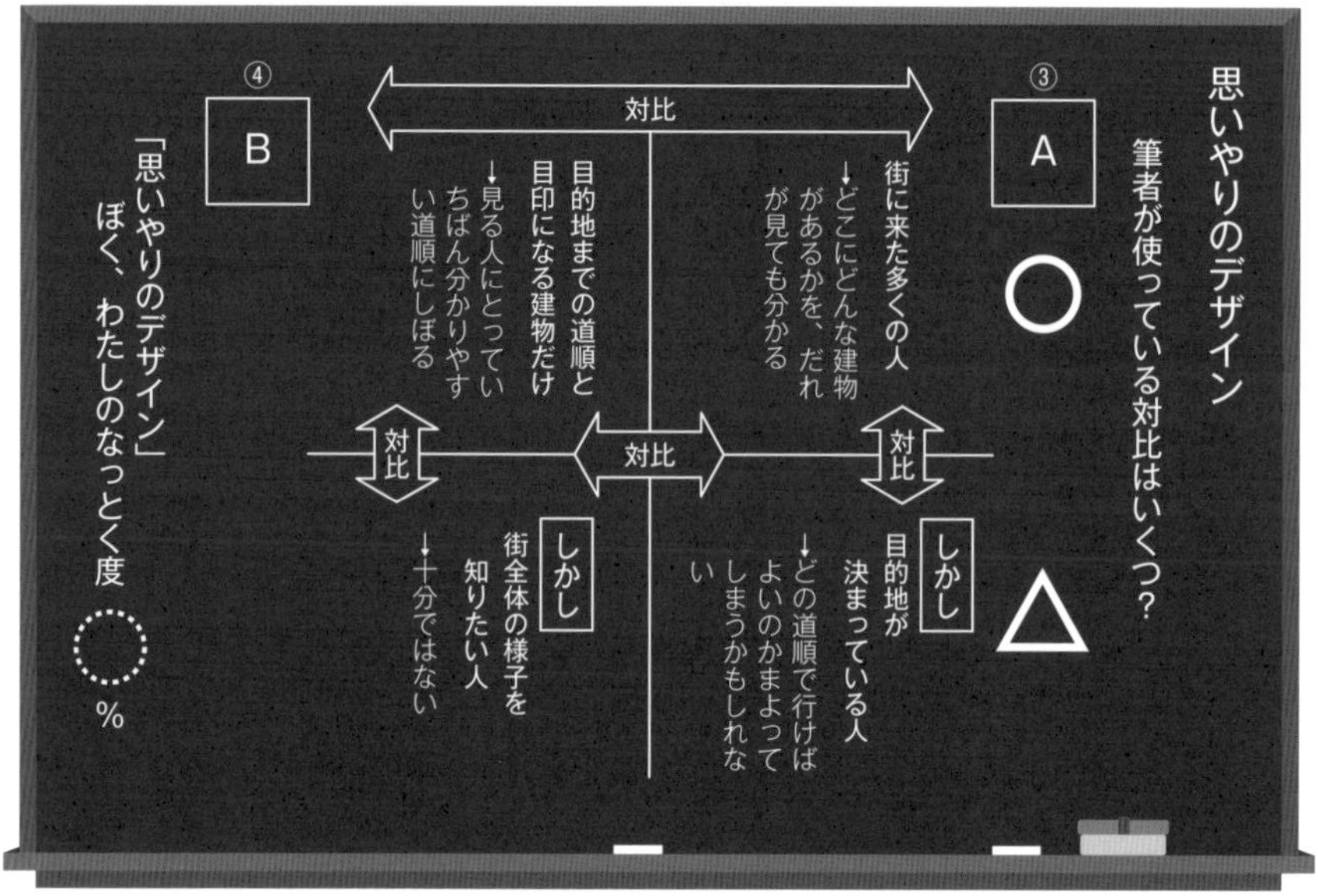
思いやりのデザイン
筆者が使っている対比はいくつ？
③
A
○
△
対比
街に来た多くの人
↓どこにどんな建物があるかを、だれが見ても分かる
対比
しかし
目的地が決まっている人
↓どの道順で行けばよいのかまよってしまうかもしれない
対比
目的地までの道順と目印になる建物だけ
↓見る人にとっていちばん分かりやすい道順にしぼる
対比
しかし
街全体の様子を知りたい人
↓十分ではない
④
B
「思いやりのデザイン」
ぼく、わたしのなっとく度
％

板書のポイント

1 対比の関係を視覚的に整理する

③と④での段落間の対比、それぞれの段落内での対比、さらには案内図の対比など、子どもの意見をもとに「わかる・わからない」「役に立つ・役に立たない」という視点で整理する。また、対比関係を双方向の矢印によってまとめることで、視覚的にとらえやすいように工夫する。

2 接続語に着目する

各段落には、「しかし」という逆接を表す接続語が用いられている。この言葉を板書することで、その前後の文が対比されていることがわかるようにする。

3 主張に対する納得度をパーセンテージで表す

事例を対比的にとらえたことを踏まえ、「思いやりのデザイン」という題名に立ち返る。インフォグラフィックスが「思いやりのデザイン」だとする筆者の主張への納得度を書かせることによって、自己の考えを形成させる。

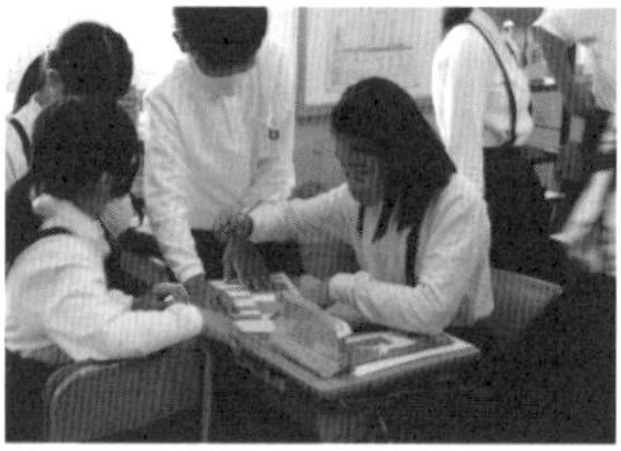

□アウトプットの活動

実践例 対比まん才をつくろう

あるテーマに関する二つの事物を取り上げ、それらを観点別に対比させた掛け合いによる漫才づくりを行うことで、楽しみながら学びを広げる。テーマは子どもにとって身近で、イメージが湧きやすいものがふさわしい。

（例）担任の先生の好きな給食メニュー

好きな給食に当てはまる特徴とそうでない特徴（ここでは、別のメニューを想定して対比させた）を交互に取り上げながら、対比を用いた漫才をグループごとに考え、最後に発表するという活動を行った。なお、対比する場合には「調理方法」「食感」などの観点に沿って検討させると子どもにとってわかりやすい。

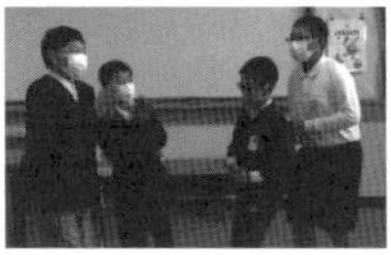

このように、観点に沿って二つのメニューを対比することができているかを見取ることで、学びを生かすことができたかどうかを評価することもできる。

【A：コロッケ　B：ゆで野菜サラダ】

ボケ：○○先生が好きな給食の名前を忘れたらしくてね。

ツッコミ：先生しっかりしてやぁ。いっしょに考えてあげるから、どんな特ちょうを言うてたか、教えてみて。

ボケ：先生が言うにはな、油であげて作るらしいねん。

ツッコミ：そりゃコロッケやないかな。作るためにはフライパンが欠かせんなぁ。

ボケ：おれもそう思ったんやけどな、先生が言うには、なべの中でゆでるらしいねん。

ツッコミ：そりゃ、コロッケとちゃうやないかい。ゆでたコロッケなんて、形がくずれてしまうがな。

ボケ：先生が言うにはな、丸っぽい形らしいねん。

ツッコミ：そりゃ「コロッケ」やないかな。（後略）

⑨段落の役割を考えることで、筆者の考えと二つの理由との関係を捉える授業

この教材のフレームリーディング

終わり	中		初め	
筆者の考えと読者への投げかけ	質の異なる二つの理由		筆者の思いや考え	話題提示
	理由(2)	理由(1)		
←―――――	双括型	―――――→		

〈活用するフレーム〉
文章形式 ● 双括型
筆者 ● 筆者が挙げた事例から読み取れる筆者の和紙に対する考え方や思い

考えを形成するためのアウトプット

・和紙を使うよさを地域の人に伝える。

教材研究のポイントと身につけたい資質・能力

1 論の展開と双括型の文章構成

一〇の形式段落からなる双括型の説明文である。②と⑩段落には筆者の考えが述べられている。②段落には、「和紙に対するほこり」「和紙のよさを知ってもらい、使ってほしい」という筆者の思いや考えの理由が述べられている。筆者の考えの理由が「洋紙にはないよさがあること」（以下理由(1)とする）、「和紙を選んで使うことは、自分の気持ちを表す方法の一つであること」（以下理由(2)とする）である。その理由の説明が③段落から⑨

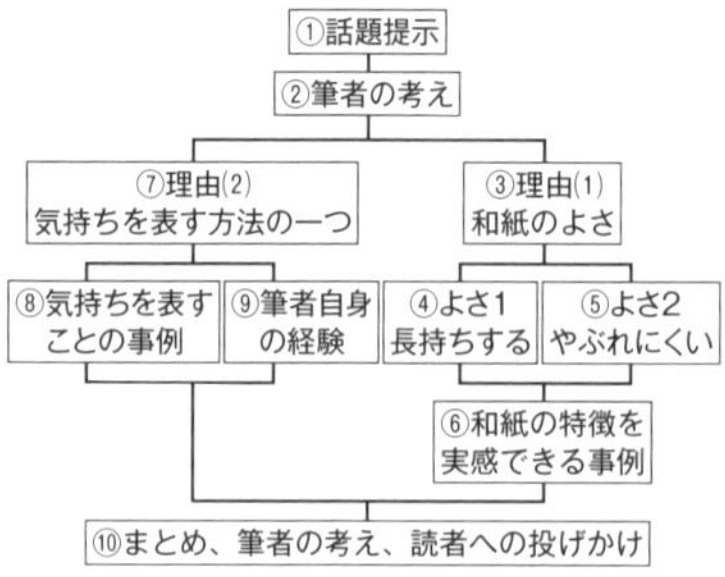

①話題提示
②筆者の考え
⑦理由(2) 気持ちを表す方法の一つ
③理由(1) 和紙のよさ
⑧気持ちを表すことの事例
⑨筆者自身の経験
④よさ1 長持ちする
⑤よさ2 やぶれにくい
⑥和紙の特徴を実感できる事例
⑩まとめ、筆者の考え、読者への投げかけ

図　文章構成図

段落に書かれている。そして、⑩段落で、それらがまとめられている。

段落の関係は図に示した通りである。③段落から⑥段落において、筆者の考えの理由⑴の説明が述べられ、③段落では和紙のよさについて、「やぶれにくい」こと、「長持ちする」ことを述べ、またそれらを「とくちょう」と言い換えている。④段落と⑤段落では、その二つの「よさ」・「とくちょう」が何によって生まれるかを洋紙と比べながら説明し、⑥段落では、それらの和紙の「とくちょう」が実感できる事例、使われている事例について説明している。以上のことから③〜⑥段落は理由⑴の説明であると考えられる。⑦・⑧段落では、理由⑵の説明が述べられている。⑦段落では、ヨーロッパと比べ、日本では和紙を作っている所が残っていること、⑧段落では、和紙が平安時代の短歌を書くことに使われ、現在でも手紙を書くときに、気持ちに合わせて和紙を使う人がいることを説明している。

2 ⑨段落のとらえの難しさ

この文章をどのように読むかの難しさは⑨段落にある。⑨段落は一見、構成をとらえるにあたっては理由⑵のまとまりの一つであるように読める。しかし、⑨段落には、「かんたんにやぶれない、長持ちする和紙を使うことで、わたした相手との出会いを大切にしている気持ちを表しているのです。」という一文があり、理由⑴の内容も書かれており、考えが書かれている⑩段落と中の段落のつなぎの段落であるとも読める。

3 二つの理由の性質のちがい

また、⑨段落のとらえの難しさの要因は理由⑴と⑵の性質の違いにあると考える。理由⑴は、和紙そのものの特徴である。対して理由⑵は筆者の和紙に対する思いや考え方にもとづいた理由と考えられ、筆者の主観的な印象が強く、子どもが感覚的にとらえてしまいがちである。そのため、二つの理由を並列としても捉えられるし、理由⑴を踏まえての理由⑵と捉えることもできる。教師はこれらを踏まえ、授業づくりを行っていく必要がある。⑨段落の役割をもとに、筆者の考えに納得するのかを考えたり、話し合ったりしていくことで、二つの理由の質の違いや、考えと理由の関係を捉えることができる。

□フレームリーディングのための発問と単元構想

STEP 0　和紙に触れる。洋紙と比べる

【第1時】

学習材と出合う前に、和紙に触れたり、手触りや書き心地などを洋紙と比べたりする活動を仕組む。そのことで、和紙そのものに対する関心をもたせたり、学習材の叙述に対して実感をもたせたりすることをねらう。

STEP 1　学習材が何型か考える【構造と内容の把握】

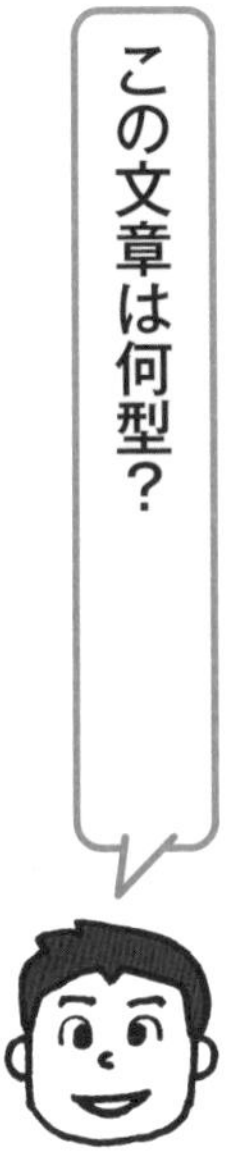

【第2時】

和紙に触れた経験を踏まえ、題名や学習材と出合わせることで、「筆者は和紙の何をほこりとしているか」「筆者はなぜ、ほこりとまで言っているのか」といった単元を貫く問いを設定したい。その問いを踏まえ、学習の計画を立てたり疑問を出し合ったりする中で、文章構成に着目させていく。実際の授業では、初読の感想を全体で共有する中で、「この文章は何型か」という課題が子どもから出てきた。学びの文脈の中で、子どものつぶやきや指導者の発問によってステップ1の学習を展開する。子どもの反応から仮説を立て、検証するという学習の流れをつくって展開していくことも考えられる。

STEP 2

⑨段落の役割を考える【精査・解釈】

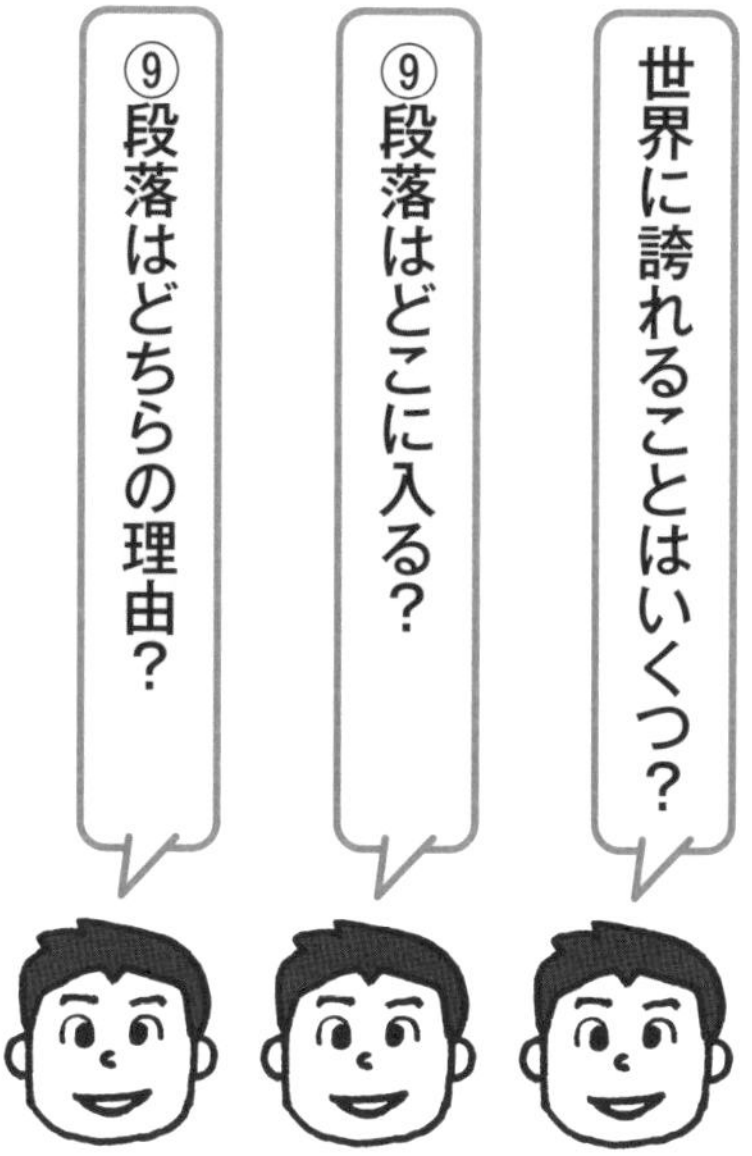
世界に誇れることはいくつ？
⑨段落はどこに入る？
⑨段落はどちらの理由？

STEP 3

読者として二つの理由のうち、より納得する理由を選ぶ【考えの形成・共有】

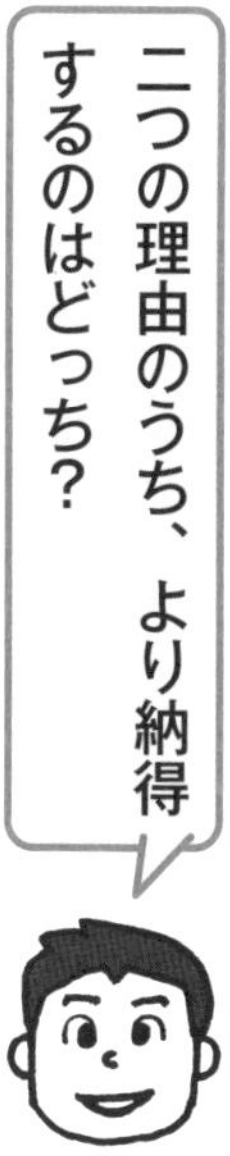
二つの理由のうち、より納得するのはどっち？

【第３時】（本時）

「世界に誇れることはいくつ？」と問うことで、理由(1)と理由(2)の段落のまとまりに気づかせる。和紙の特徴、一三〇〇年前の和紙の文書が残っていること、修復や保管に使われること、人の手で作られていること、平安時代から使われていたことなどの事例を挙げることが予想される。それを板書に整理し、「筆者の考えの理由は何種類？」「まとめるとしたら何種類？」などの問い返しを行い、子どもの発言を引き出しながら、段落のまとまりをとらえさせる。また、⑨段落の文章を提示し（単元の最初から⑨段落を抜いた学習材を使う）、本文のどこに⑨段落を入れたらよいかを問う。それらの学習を基に、二つの理由の質の違いに気づかせる。

【第４時】

二つの理由のうちより納得する方を選ぶ。そのことで、共感的に読むだけでなく、筆者の考えに対する二つの理由の妥当性について自分の考えをもたせる。

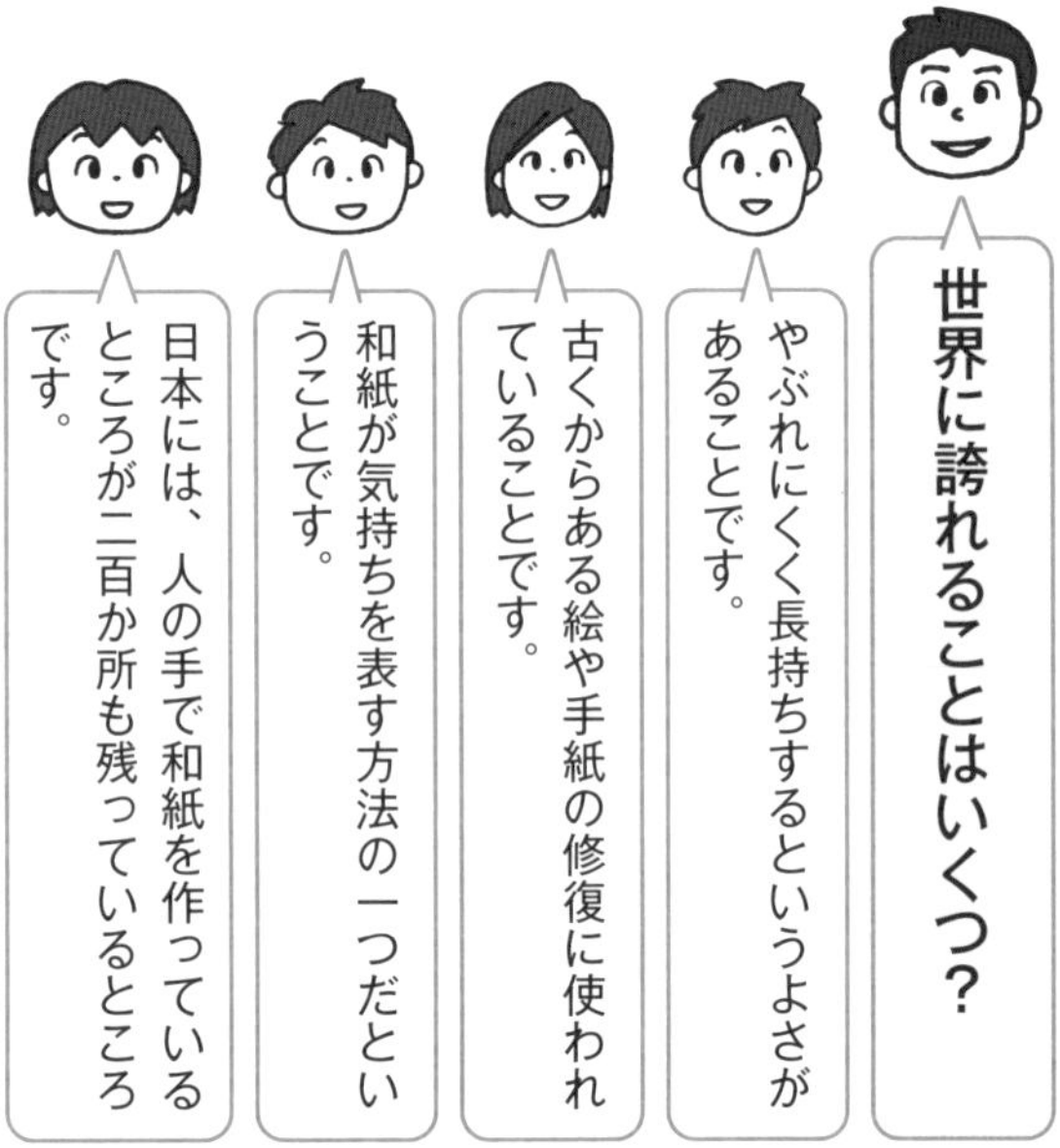
世界に誇れることはいくつ？
やぶれにくく長持ちするというよさがあることです。
古くからある絵や手紙の修復に使われていることです。
和紙が気持ちを表す方法の一つだということです。
日本には、人の手で和紙を作っているところが二百か所も残っているところです。

本時のねらい

世界に誇れることがいくつあるか数えたり、筆者の考えの理由は何種類かを考えたりすることで、筆者の考えの理由が二種類あることや、③から⑧段落までの段落同士のつながりをとらえることができるようにしたい。また、⑨段落がどこに入るのか、どちらの理由の説明なのかを問うことで、⑨段落の役割を考えさせ、⑨段落のとらえの難しさや二つの理由の質の違いについて、学びのプロセスの中で学習者が気づいたり、見つけたりしていくことに期待する。

指導のポイント

1　世界に誇れること、筆者の考えの理由を数える

世界に誇れることを数え、「筆者の考えの理由は何種類？」「まとめるとしたら何種類？」などの問い返しを行う。そのことで、③〜⑥の段落の事例が理由(1)、⑦・⑧の事例が理由(2)の説明であることを捉えさせる。

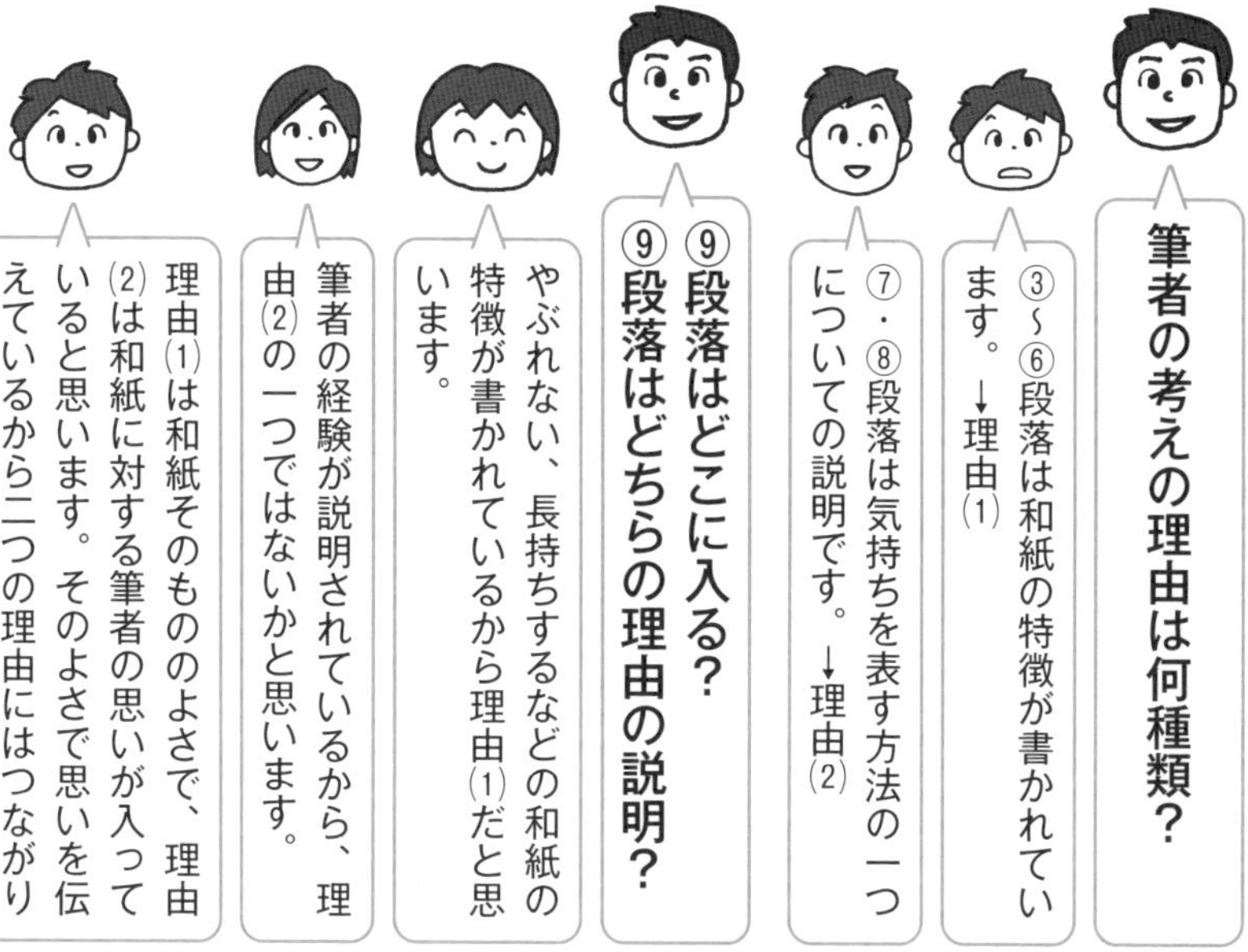
筆者の考えの理由は何種類？
③～⑥段落は和紙の特徴が書かれています。→理由⑴
⑦・⑧段落は気持ちを表す方法の一つについての説明です。→理由⑵
⑨段落はどこに入る？
⑨段落はどちらの理由の説明？
やぶれない、長持ちするなどの和紙の特徴が書かれているから理由⑴だと思います。
筆者の経験が説明されているから、理由⑵の一つではないかと思います。
理由⑴は和紙そのもののよさで、理由⑵は和紙に対する筆者の思いが入っていると思います。そのよさで思いを伝えているから二つの理由にはつながりがあると思います。

2　⑨段落が入る位置やどちらの理由なのかを考える

あらかじめ提示していなかった⑨段落を提示することで、⑨段落がどこに入るか、どちらの理由の説明なのかといった課題を子ども自らもつことができるようにする。どちらの理由なのかを話し合うことで、理由⑴が和紙そのもののよさ、理由⑵が筆者の思いや経験に基づくものであるという二つの理由の性質の違いに気づかせる。

また、⑨段落には両方の理由についての記述があり、理由⑵のまとまりの段落、中の段落と⑩段落のつなぎの段落とも読めることにも気づかせる。授業では、和紙そのもののよさがあるからこそ、思いを伝えられる、「二つの理由はつながっていて切り離せない」という子どもの発言があった。そのような発言をとらえ、「どうして○○さんはそう考えたと思うか？」「二つの理由の違いは何ですか？」などと問い返すことで、クラス全体の学びに広げる。

これらの学びを通して、二つの理由のちがいやつながりをとらえ直させ、読み手として、筆者の考えとその理由に対してどう考えるか、納得するかどうかという、次時の学びへとつないでいく。

板書計画

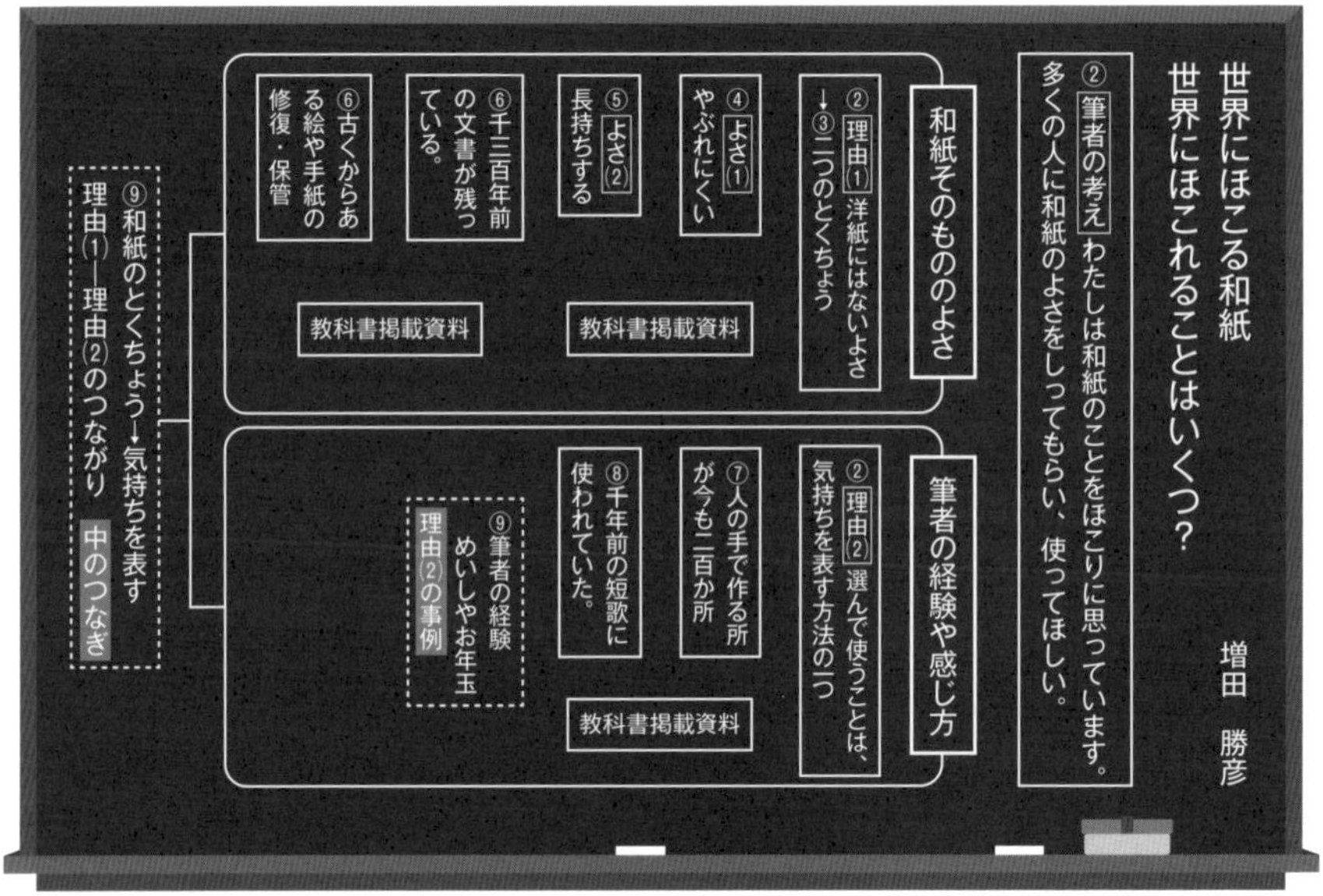
世界にほこる和紙
世界にほこれることはいくつ？
増田　勝彦
②筆者の考え わたしは和紙のことをほこりに思っています。多くの人に和紙のよさをしってもらい、使ってほしい。
和紙そのもののよさ
②理由⑴ 洋紙にはないよさ →③二つのとくちょう
④よさ⑴ やぶれにくい
⑤よさ⑵ 長持ちする
⑥千三百年前の文書が残っている。
⑥古くからある絵や手紙の修復・保管
教科書掲載資料
教科書掲載資料
筆者の経験や感じ方
②理由⑵ 選んで使うことは、気持ちを表す方法の一つ
⑦人の手で作る所が今も二百か所
⑧千年前の短歌に使われていた。
⑨筆者の経験 めいしやお年玉
理由⑵の事例
教科書掲載資料
⑨和紙のとくちょう→気持ちを表す
理由⑴―理由⑵のつながり
中のつなぎ

板書のポイント

1　文章構成を図式化し、⑨段落の提示を行う

文章構成を教科書掲載の資料と子どもの発言を基に図式化することで、視覚的にとらえさせる。そのうえで、⑨段落が実は学習材にあったことを伝え、⑨段落に着目させる。板書した文章構成を生かし、入る位置を考えさせることで、「⑨段落がどちらの理由の説明にあたるのか」という問いをもたせ、学習材をもう一度読み、質の異なる二つの理由の関係や段落同士のつながりについて気づかせたり、⑨段落の役割について考えさせたりしていく。

2　ネームプレートを活用し、自分の立場を認識させる

「⑨段落がどちらの理由の説明にあたるのか」を考えたり話し合ったりする活動では、ネームプレートの活用が考えられる。自分の考えや立場を、ネームプレートを活用し、黒板に貼らせることで、自分の考えとの違いや友達の考えを視覚的にとらえさせる。また、それを動かしてもよいことを伝えることで、自分の学びや考えをふり返りながら学習を進めることができる。さらに、グループ編成や対話などに生かし、主体的に学びに向かうことができるようにする。

□アウトプットの活動

実践例　和紙を使うよさを地域の人にプレゼンしよう

実践を行った当該学年の子どもは、総合的な学習の時間に、修繕が必要な学校にある相撲場を修理ができるよう、地域や保護者に協力してもらうという学習を行っていた。「世界にほこる和紙」の学習材と出合い、その学習に和紙が利用できないだろうかという思いをもつようになり、自分たちが相撲場を思う気持ちを、和紙を通して伝えるという学習に発展していった。地域の町内会長に、和紙を使って、修繕費を募ることやお願い文を配付してほしいことをプレゼンすることとなった。その一部を示す。

> ぼくたちは、「世界にほこる和紙」という国語の学習で、和紙が気持ちを伝える方法の一つということを学びました。その学習を活かして、和紙を使って、お願い文や封筒（寄付金を入れてもらう）を作って地域の人に配りたいと考えています。和紙を使うことで、学校の相撲場がずっと続いていってほしいということを伝えたいと思っています。…（以下省略）

その後、相撲場の寄付金が集まり、和紙を実際に使った経験を振り返らせた。その一部を示す。

> （A児）和紙はただの紙じゃなく、気持ちを表す方法の一つだし、長持ちするから、和紙を使って相撲場の募金のお願いやお手紙を書きました。手紙をもらった地域の人が、手紙を大切にしてくれると思ったから、和紙を使うことを考えました。ぼくは、その気持ちがもらった人に伝わるといいなと思います。

A児はステップ3の学習で、「理由⑴と⑵は切り離せない」と考えていた。筆者の挙げた理由を学びとり、「長持ちする」という和紙の特徴を自分の「相撲場が続いていってほしい」という思いとつなげ、アウトプットの活動に生かしていったことが読み取れる。自分の体験と結びつけたことで、実感を伴った学びとなった。

今回の実践を振り返ると、理由⑵の妥当性やその理由から、筆者の考えに納得できるかの学習は十分とは言えない。筆者の考えへの共感も大切にしつつ、情報過多の時代だからこそ、本当に納得できる論の展開になっているか、批評的読み方も学ばせていく必要がある。

■「たずねびと」（光村図書5年）

綾とともに「たずねびと」を探す旅を通して「綾」と「アヤ」と「学習者自身」をつなぐ授業

この教材のフレームリーディング

綾にとっての「たずねびと」とは？
誰が誰を「たずねる」物語なのか？

題名の「たずねびと」とは？

↓

綾が出会った人・ものとは？

↓

綾にとって大切な出会いはどれか？
- なぜそれが大切なのか？
- その出会いは綾にとってどんな意味があったのか？
- 綾の心を動かしたおばあさんの台詞はどれか？

↓

第八場面で綾はどのように変容しているか？
- 綾の変容がわかる表現はどれか？
- 「わたしたちがわすれないでいたら・・・」とはどういう意味か？

〈活用するフレーム〉
題名、変容、場面、描写、キーアイテム

考えを形成するアウトプット

「私にとってこの作品（たずねびと）とは何だったのか?」
作品から受けとったメッセージを表現し、自分の解説を加える。

教材研究のポイントと身につけたい資質・能力

1 「自分事」として読む① ～教材の特性と題名～

本作品は「ちいちゃんのかげおくり」や「一つの花」といった他の戦争作品と違って、登場人物が現代を生きる物語であり、子どもは物語の中で中心人物である綾とともに広島の地を訪ね歩くことで学びを深めていくことができる学習材である。子どもは、綾の心情を共感的にとらえていくことで、「ヒロシマ」が異世界の物語ではなく今を生きる自分たちの問題であることに気づくだろう。

授業にあたっては、題名の「たずねびと」に着目したい。誰が誰を訪ねるのか。読みを深めていくと、綾がアヤを求めるだけでなく、アヤもまた自分自身を訪ねてくれる人を探していることが見えてくる。そして、子どもは、題名の意味を考えていく中で、自分自身もまた、綾とともにアヤを探しながら「自分自身はどう生きるのか」

と自分を問い直す旅を始めるのではないだろうか。

2 「自分事」として読む② ～中心人物の変容～

次に、中心人物の変容に着目する。中心人物である綾の変容をとらえることは、子ども自身の変容にも関わってくる。特に、第八場面の「わたしたちがわすれないでいたら…（略）」という言葉が子どもの言葉となったとき、子どもは綾とともに学んだと言えるし、そこに学びを深めた姿があるととらえられる。

本作品において、中心人物の変容をとらえるためには、登場人物の足取りやそこでどんな人やものに出会ったかを整理していくことが大切である。そして、それぞれの出会いが綾にとってどんな意味をもつのかについて丁寧に考えることが、「ヒロシマ」をより自分に手繰り寄せることにつながると考えられる。

中でも、第七場面のおばあさんの言葉は綾の変容をとらえる上で欠かせない。ここでおばあさんは「もう一人のアヤちゃんがあなたに会いに来てくれたよ」と語っている。「もう一人の綾ちゃんが・・・」ではないのだ。ここは様々な解釈が生まれるところであり、主題につながる部分でもある。授業では、子どもの意志や感性、美しく生きようとする思いなどと関わらせながら、この台詞の意味を自分の言葉で語らせたい。そして、第八場面において、戦禍を生きたアヤの夢や希望、命を、自分事として受けとめた（受けとめようとしている）綾の気持ちの変容に気づかせたい。

3 「自分事」として読む③ ～対比で読む～

綾の変容をとらえるにあたって、第八場面を軸にしながら他の場面と比較して読むということも大きな手掛かりになる。「ポスターの名前」や「夢で見失った名前」、あるいは広島で最初に見た「空」や「川」が、第八場面では綾にとってどのようなものに変わっているか。文章を俯瞰して読み直し、綾が見てきたものや出会った人たちに対する思いの変化を明らかにすることで、はじめはぼんやりしていた綾の変容がはっきりしてくるだろう。さらに、「自分事」として綾の姿を読んできた子どもにとって、変容した綾の姿は自分の姿とも重なるはずである。綾とアヤと読み手自身。それらを重ねたときに生まれる考えの変化を言語化させたい。

□フレームリーディングのための発問と単元構想

STEP1

物語全体を俯瞰する【構造と内容の把握】

綾が出会った人・ものを数える【構造と内容の把握】

題名の「たずねびと」とは？

誰が誰を「たずねる」物語？

綾が出会った人・ものとは？

STEP2

綾にとって大切な出会いを選ぶ【精査・解釈】

【第1時】

題名から生まれる問いは、学習の導入として作品に対する関心を高めることを目的とした問いであり、同時に単元を貫く問いでもある。

【第2時】

まず、綾が出会った人やものを確認することで、物語の概観（綾の足取り）をとらえさせたい。前時で取り上げた問い（単元を貫く問い）を詳しく読むための問いである。

〈綾が出会った人・もの〉

㈠ポスターの名前、「楠木アヤ」→㈡夢の中の名前→㈤資料館の展示物→㈥モニターの中の顔→㈦おばあさん

【第3時】（本時）

子どもの解釈を促す発問である。ただし、この作品の中で、綾は決してある一つの出会い（出来事）によって急激に気持ちや考え方を変えているわけではないため、無理に「一番」や「一つ」を決める必要はないだろう。ここでは子どもが一

綾にとって特に大切な出会いはどれか？　おばあさんの台詞の中で、綾の心を特に大きく動かした台詞はどれか？

綾はどのように変容しているか？「わたしたちがわすれないでいたら…」とはどういう意味か？

STEP 3

作品から受けとったメッセージを見直す【考えの形成・共有】

自分にとってこの作品とは？

つ一つの出会いに丁寧に向き合い、それが綾にとってどんな意味をもつものだったのかを考えることを大切にしたい。特に、おばあさんとの場面では、綾とアヤがつながる瞬間が描かれている。したがって、おばあさんの言葉の意味を丁寧に考えさせながら、綾の心情の変化に迫っていきたい。

【第4時】

前時までの学習を受けて綾の変容を捉える。空や川の様子（情景描写）、メモに書いた文字を指でなぞる綾の姿（行動描写）、その他綾の心の動きを描いた表現（心情描写）等に着目し、第八場面とその他の場面とをつなぎながら対比的に読んでいく。その中で、よりリアルに「自分事」として過去の事実を受けとめていく綾の心情に共感させたい。

【第5・6時】

考えを深めたり言葉を洗練したりすることで、作品から受け取ったメッセージを自分の言葉で表現させたい。

第七場面のおばあさんの台詞の中で、綾の心を特に大きく動かした台詞はどれか？

私は四つ目を選びました。自分のことを「もう一人のアヤちゃん」と呼ばれたことでずっと頭の中にあったアヤとつながっていると感じられたのではないかと思うからです。

私は五つ目を選びました。おばあさんが自分の夢や希望、幸せを願ってくれているということがうれしくなったと思うからです。

私は六つ目を選びました。ずっとアヤのことを思い浮かべながら旅をしてきてよかったなと思っているのではないかと思うからです。

本時のねらい

おばあさんが綾に言った言葉の意味について考えることを通して、綾の変容を具体的にとらえることができるようにする。

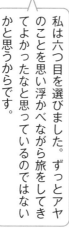

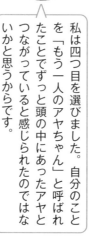

指導のポイント

1　おばあさんの台詞を聞いたときの綾の心情を読む

本時では、おばあさんの台詞に着目しながら綾の変容をとらえていく。綾の心を特に大きく動かしたおばあさんの台詞を選ぶことを通して、それぞれの言葉が綾にとってどのような意味をもつものだったのかを考えさせたい。

その際、綾だけでなくおばあさんの思いも丁寧にとらえていくことが重要である。例えば、四つ目以降の台詞は、綾が広島を訪ねた理由を知った後のおばあさんの反応であるが、このとき、おばあさんは目に涙を浮かべている。ここでおばあさんの気持ちは直接的に描かれていないが、前後の叙述に着目することでその心情を解釈することができる。おばあさんと綾。それぞれの思いに寄り添いながら、おばあさんの台

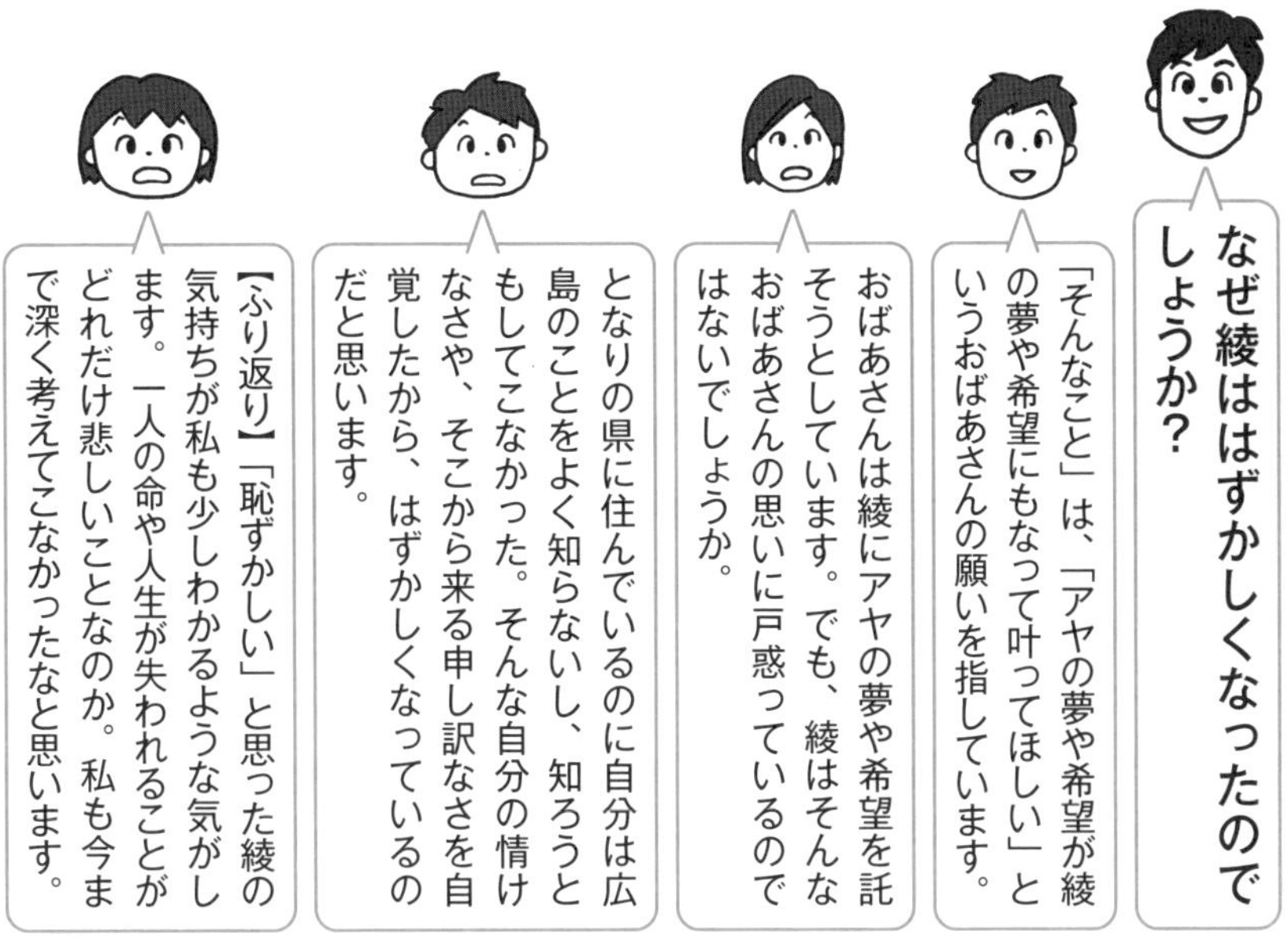
なぜ綾ははずかしくなったのでしょうか？

「そんなこと」は、「アヤの夢や希望が綾の夢や希望にもなって叶ってほしい」というおばあさんの願いを指しています。

おばあさんは綾にアヤの夢や希望を託そうとしています。でも、綾はそんなおばあさんの思いに戸惑っているのではないでしょうか。

となりの県に住んでいるのに自分は広島のことをよく知らないし、知ろうともしてこなかった。そんな自分の情けなさや、そこから来る申し訳なさを自覚したから、はずかしくなっているのだと思います。

【ふり返り】「恥ずかしい」と思った綾の気持ちが私も少しわかるような気がします。一人の命や人生が失われることがどれだけ悲しいことなのか。私も今まで深く考えてこなかったなと思います。


詞が綾の心にどう響いたかを考えられるようにしたい。

2 「綾」と「アヤ」と「学習者自身」をつなぐ

おばあさんの言葉からは、今を生きる綾に、アヤの思いを託そうとしていることがわかる。つまり、おばあさんは「綾」の姿に「アヤ」を重ねているのである。子どもには、四〜六つ目の台詞からこうしたおばあさんの思いに気づかせたい。綾がアヤを求めていたように、アヤもまた綾を求めていたのである。

この場面の最後で、おばあさんの思いに対して、綾ははずかしくなって下を向いてしまっている。本時ではこのときの綾の心情についても子どもに考えさせたい。過去を生きた人たちのことをどこか他人事のようにとらえてきた綾が、おばあさんの姿や言葉を前に自分自身を恥ずかしく思う気持ちは、おそらく多くの子どもの姿にも通じるだろう。子どもが「綾」と「アヤ」そして「自分自身」をつなぎながら、自分事として物語をとらえられるよう指導していきたい。

3 振り返りの視点を与える

振り返りを書かせる際は、子どもが綾と自分との間に共通点を探しながら記述できるようにする。そうやって、自分と登場人物とを関わらせながら読もうとする態度を育てたい。

板書計画

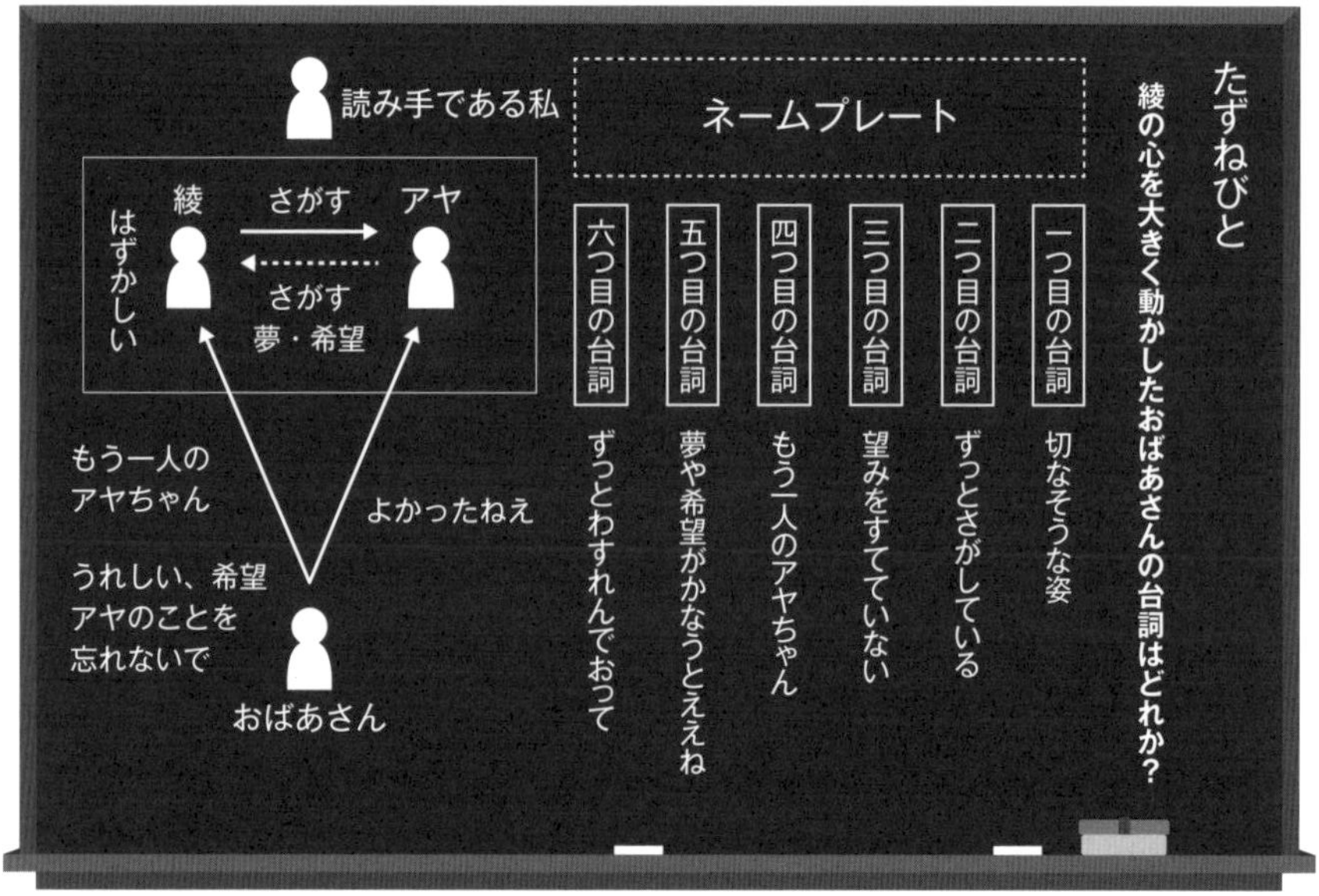
たずねびと
綾の心を大きく動かしたおばあさんの台詞はどれか？
ネームプレート
一つ目の台詞
切なそうな姿
二つ目の台詞
ずっとさがしている
三つ目の台詞
望みをすてていない
四つ目の台詞
もう一人のアヤちゃん
五つ目の台詞
夢や希望がかなうとええね
六つ目の台詞
ずっとわすれんでおって
読み手である私
綾
さがす
アヤ
はずかしい
さがす
夢・希望
もう一人の
アヤちゃん
よかったねえ
うれしい、希望
アヤのことを
忘れないで
おばあさん

板書のポイント

1 人物関係図で整理する

それぞれの思いを整理しながら考えることができるように人物関係図を用いながら板書していくとよい。そうすることで、おばあさんの台詞が綾やアヤに対するどんな気持ちを表しているのかがより明確になってくる。

2 綾とアヤを対比させる

綾とアヤが並ぶように板書することで、子どもは改めて二人を対比させながら考えることができるようになるだろう。例えば、四つ目と五つ目のおばあさんの台詞の意味を考えさせる中で、綾とアヤの異なる点を問えば、「過去を生きていたアヤ」と「今を生きている綾」、「夢や希望を奪われたアヤ」と「これから夢や希望をかなえていく綾」といった違いがより明確に意識できるようになる。加えて、二人の共通点を問うことで、「同じ十一才であること」「夢や希望をもとうとしていること」といったことが意識され、その後こうしたことが読み手である自分自身の姿とも重なることに気づいていくことができる。

□アウトプットの活動

読後の気持ちや考えの変化を表現する活動として、次のようなアウトプットの活動を紹介する。

（1）作品から受けとったメッセージを表現する

ここまでの学習で子どもが作品から受けとったメッセージを端的に表現させる（例「平和とは思いを受け継ぐこと」）。指導者は、ここで表現する言葉が次の活動を経て変わってもよいことを告げ、子どもが安心して自分の考えを言語化できるようにする。

（2）交流を通して考えを広げたり深めたりする

（1）で表現した言葉を理由とともに交流する。交流を通して、子どもは自分の言葉を見つめ直しながら考えを深めたり言葉を洗練したりすることができる。

（3）メッセージを見直し、解説を加える

子どもは、（1）（2）を通して深めたり洗練したりした考えを自分の言葉で表現し、それに対する詳しい解説文を付け加える。指導者は、子どもの表現を見ながら、物語の中の何をどのように読んだのかを見取り、評価していくことが必要である。

【A児の作品】

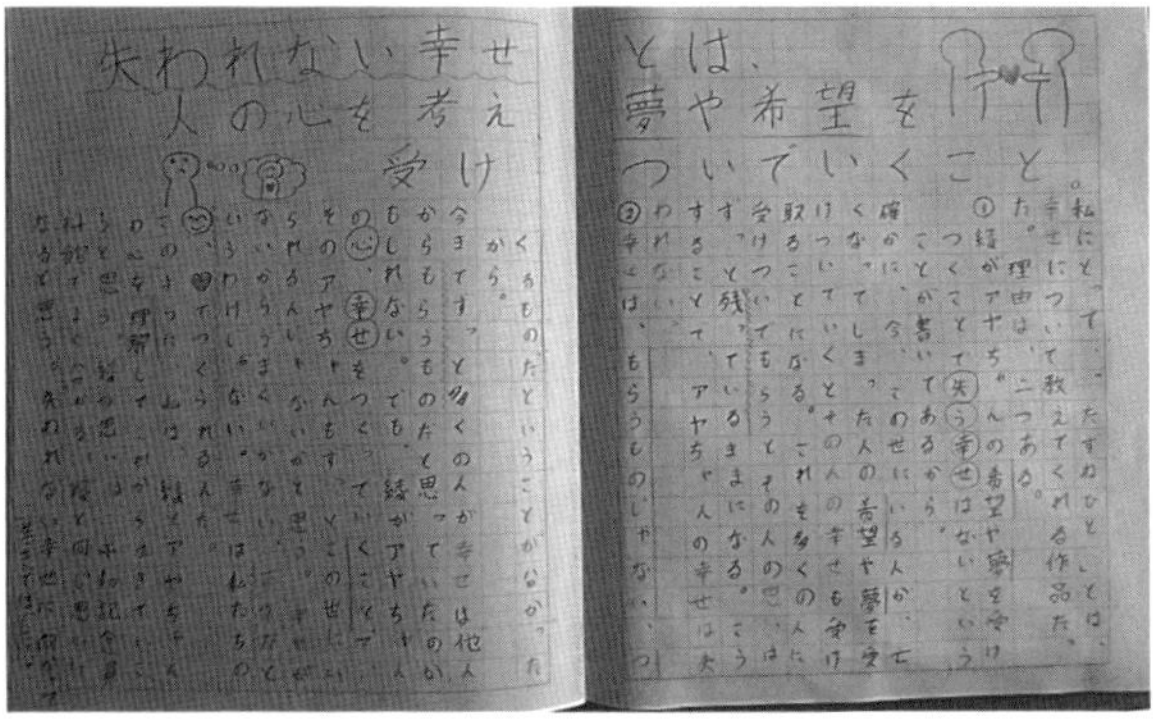

・A児は、「綾」と「アヤ」の関係、さらにそこに自分の思いを重ねながらまとめている。
・特に、A児の場合、第七場面のおばあさんの台詞「楠木アヤちゃんの夢やら希望やらが、あなたの夢や希望にもなって、かなうとええねえ。」が綾を大きく変容させたきっかけだと考え、その後の綾の姿にも着目しながら、おばあさんの言葉の意味について自分の考えを深めている。
・A児は、この物語から「夢や希望は時間や場所を越えて他者と共有できる」という気づきを得て、その気づきを自らのよりよい人生を切り拓いていこうとする意欲につないでいる。

■「やなせたかし——アンパンマンの勇気」（光村図書5年）

「やなせたかし」の生き方や考え方をこれからの自分の生き方や考え方につなげる授業

この教材のフレームリーディング

作品構造のフレーム

現在	過去	現在

← 「やなせたかし」の生き方や考え方の変化

人物のフレーム

〈活用するフレーム〉
- 作品構造 ● 現在→過去→現在
- 人物・変容 ● 筆者の選んだエピソードからみえる「やなせたかし」の生き方・考え方

考えを形成するアウトプット

・「心に響いた『やなせたかし』のパワーフレーズは？」

これまでの体験や知識と関連させて、自分の生き方に取り入れたいことを考える。読者自身のフレーム

教材研究のポイントと身につけたい資質・能力

1 「やなせたかし」と出会う〈作品の特性と構造〉

子どもは、文学的な描写と説明的な描写の両面で構成された「伝記」に初めて出合う。この作品は、「やなせたかし」の印象的なエピソードをもとに、ノンフィクション作品のようにつなぎ合わせて書き下ろされている。子どもたちにとって「やなせたかし」は、「アンパンマン」などを通して遠い存在ではないが、いかにも「やなせたかし」的なエピソードは、素直に子どもの心に入り込み、大きな影響を受けるに違いない。

この文章は、彼の一生を五つの場面でまとめている。

一　東日本大震災で、力をふるい起こす
二　少年時代と徴兵、弟の死を経て、自分に何ができるか考え続けた
三　戦後「本当の正義」の答えを見つけた

四　「本当の勇気」をもったアンパンマンを誕生させた
五　東日本大震災の「本当のヒーロー」のために、力をふるい起こす

冒頭、「やなせたかし」と東日本大震災とのつながりについてふれ、幼少期からアンパンマン誕生、亡くなるまでの一生が、順序よく並べられている。また、一場面「ぼくも、何かできることをしなければ。」という言葉に応えるように、五場面では、再び東日本大震災で「やなせたかし」がどのような行動を取ったのかが描かれている。子どもは、現在（一場面）―過去（二～四場面）―現在（五場面）の作品構造をとらえることになる。

2 「やなせたかし」の生き方〈エピソードの意味するもの〉

なぜ、「やなせたかし」は、一場面のように「ぼくも、何かできることをしなければ」と考えたり、五場面のように「人々をはげまし続ける」ことができたりする人物なのか。その答えは、二～四場面のエピソードの中にターニングポイントとして描かれている。


二場面…漫画家になるという夢を抱く。

　最もつらかった食べる物がないという経験。

　弟の死をきっかけに、自分の生き方を考える。

三場面…幼い兄弟との出会いで「本当の正義とは、おなかがすいている人に、食べ物を分けてあげることだ」と、気付く。

四場面…幼少期の夢がよみがえる。

　「正義を行い、人を助けようとしたら、自分も傷つくことを覚悟しなければならない」という信念がある

「やなせたかし」の夢＋信念はアンパンマンを生み、幅広い世代から愛されるヒーローへと成長させた。筆者は、様々なエピソードを伏線としてつなぎ合わせ、アニメのアンパンマンを「やなせたかし」そのものの姿として描いている。その集大成としての人物像が、五場面にまとめられている。

3 「やなせたかし」と対話し直す〈自分自身の生き方〉

何となく知っていた「やなせたかし」は、学習後は人間味あふれた、魅力的な「にんげん・やなせたかし」として子どもの前に立つ。ぜひ、同期現象を起こさせたい。

□フレームリーディングのための発問と単元構想

STEP0

補助教材「サボテンの花」を読む【東京書籍6年】

「サボテンの花」の筆者はだれだと思う？

STEP1

エピソードを数える【構造と内容の把握】

エピソードはいくつ？

一場面と五場面のエピソードで気がついたことは？

【第1時】

「サボテンの花」は、「やなせたかし」の生き方や考え方そのものが詰まった短い物語である。導入段階で「やなせたかし」自身に関心をもたせて人物像をおおまかにとらえておくことは、その人物について「もっと詳しく知りたい！」と思うきっかけとなり、学習材を読む必然性が生まれる。

【第2時】

[14]…出来事や年齢・年代
[5]…一〜五場面
[2]…一・五場面と二〜四場面、または一場面と二〜五場面

エピソードの分け方は、右記だけとは限らない。子どもが納得できるかどうかを大切にして、分けたエピソードに小見出しをつけてグルーピングする。

このとき、一・五場面を比較させることで、作品構造のフレームである現在—過去—現在という型がはっきりと見える。

STEP 2

エピソードを選ぶ【構造と内容の把握→精査・解釈】

「やなせたかし」にとって一番大切なエピソードは？

STEP 3

大切だと思うフレーズを決める【考えの形成・共有】

あなたの心に響いた「やなせたかし」のパワーフレーズは？

【第3時】（本時）

エピソードを選ぶことは、「やなせたかし」の人生のターニングポイントを見つけること、つまり「やなせたかし」を象徴する生き方や考え方を見つけることである。自分で選んだエピソードの根拠を明らかにして、互いに交流することで、筆者に選ばれた複数のエピソードがつながり「やなせたかし」という人物像を作り出したことをとらえさせたい。

【第4時】

ステップ3では、作品全体をとらえ直し、読み手として自分自身が受け止めたものを表現する。「やなせたかし」の生き方や考え方に触れたことで、どんなパワーをもらい、これからの自分の生き方にどう役立たせるのか考えさせたい。

□フレームリーディングでつくる一時間の授業【第3時】

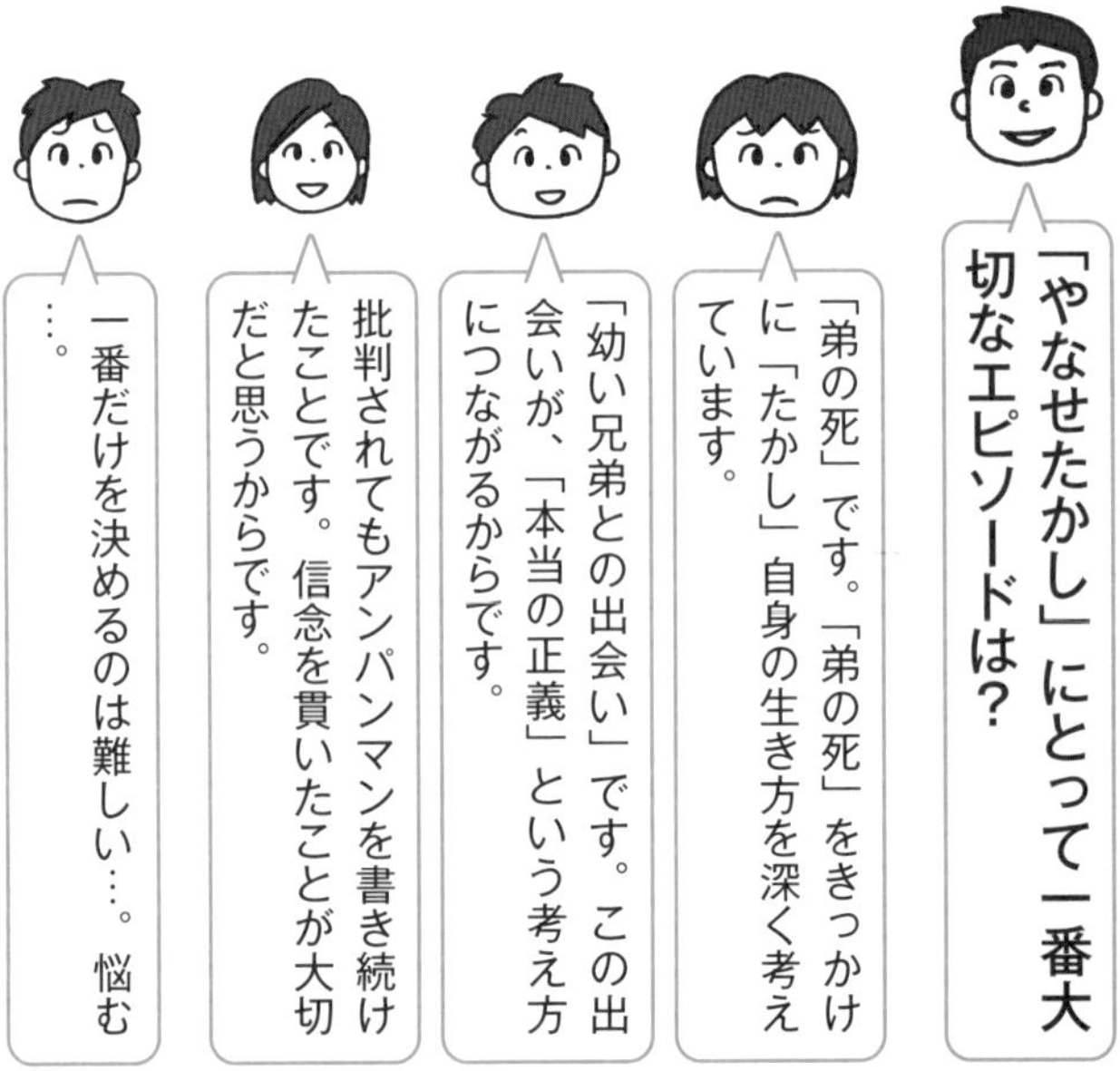
「やなせたかし」にとって一番大切なエピソードは？

「弟の死」です。「弟の死」をきっかけに「たかし」自身の生き方を深く考えています。

「幼い兄弟との出会い」です。この出会いが、「本当の正義」という考え方につながるからです。

批判されてもアンパンマンを書き続けたことです。信念を貫いたことが大切だと思うからです。

一番だけを決めるのは難しい…。悩む…。

本時のねらい

子どもは、これまでの読みを生かしてそれぞれが大切だと思うエピソードを選ぶ。「やなせたかし」にとっての人生のターニングポイントを自分なりに選び、共有することで、それらが伏線としてつながっていることに気づき、人物像をより具体的に想像する力を育むことをねらう。

指導のポイント

1　「やなせたかし」にとって一番大切なエピソードを選ぶ

ステップ1で、子どもは小見出しを付けながら、八つのまとまりにエピソードを分けた。

A　東日本大震災	E　漫画家としてデビュー
B　誕生からデザイナーに	F　頼まれる仕事を続ける
C　戦争中と弟の死	G　あんぱんまんからアンパンマンへ
D　本当の正義の答え	H　東日本大震災と自らの死

C・D・Gを選ぶ子どもが多く、「本当の正義を見つけるきっかけが大切」「書き続ける信念が重要」などの理由がみ

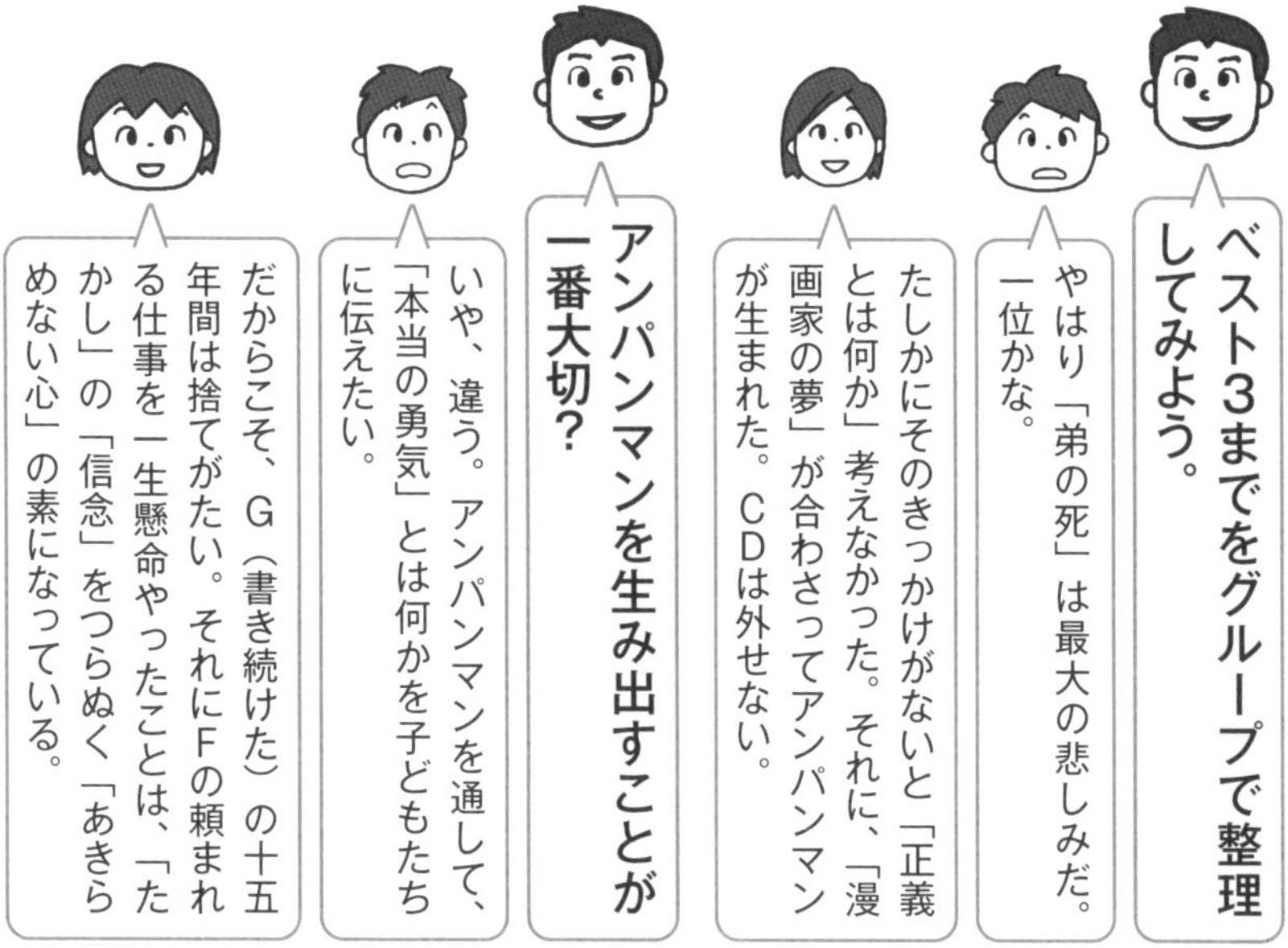
ベスト3までをグループで整理してみよう。

やはり「弟の死」は最大の悲しみだ。一位かな。

たしかにそのきっかけがないと「正義とは何か」考えなかった。それに、「漫画家の夢」が合わさってアンパンマンが生まれた。CDは外せない。

アンパンマンを生み出すことが一番大切？

いや、違う。アンパンマンを通して、「本当の勇気」とは何かを子どもたちに伝えたい。

だからこそ、G（書き続けた）の十五年間は捨てがたい。それにFの頼まれる仕事を一生懸命やったことは、「たかし」の「信念」をつらぬく「あきらめない心」の素になっている。


られた。

2　エピソードに順位をつけてグループ対話をする

出てきた意見をもとに、グループに分けて、「大切なエピソードランキング」を話し合わせる場を設定した。「一番を決めること」や「順位をつけること」に固執せず、子どもの考えを聞きながら、グループとして選んでいないエピソードにも着目させていくことが大切である。

3　グループや全体への問い返しで再び作品を見直す

授業の終わりに、互いの意見をプレゼンし合う。グループごとに順位のズレが生じたことで、その理由を必然的に「聞きたい」という学習者の姿がうまれ、再度、作品を読み深めることになった。はじめに選ばれなかったエピソードも「やなせたかし」の人物像を語るには欠かすことのできない物語であるため、問い返しをする。全てのエピソードが伏線としてつながり、「アンパンマン」＝「やなせたかし」の生き方・考え方であるという読みを子ども自身が認識し、それぞれが人物像をより具体的に想像することになる。

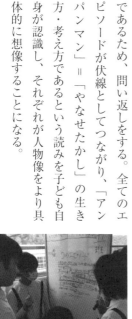

板書計画

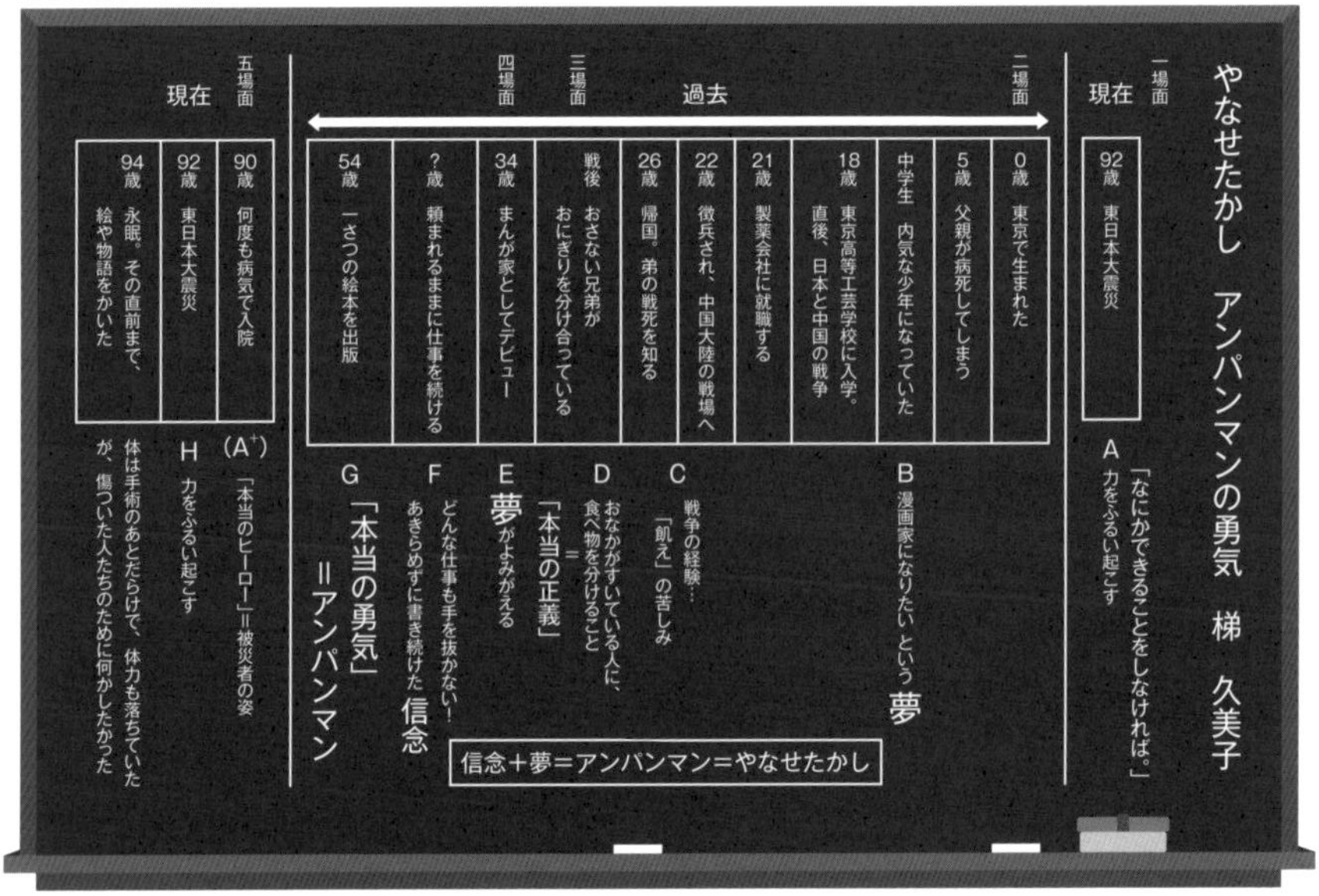

板書のポイント

子どもが読み取ったことをもとに、前時の黒板に上書きしていく。第2時では、はじめに、年代や出来事を短冊で貼り、エピソードごとのまとまりから現在—過去—現在の作品構造のフレームを板書していた。本時では、第2時でエピソードを選んだときの理由付けの根拠として挙がったキーワードやキーセンテンスをつなぎ合わせて人物のフレームを重ねていく。学習者にも、見開きで前時のノートに上書きさせていくことで、読みの力の蓄積が一目でわかるように工夫させる。また、子どもがホワイトボードに残した読みの足跡も記録しておき、自分の考えのリフレーミングに役立てる。

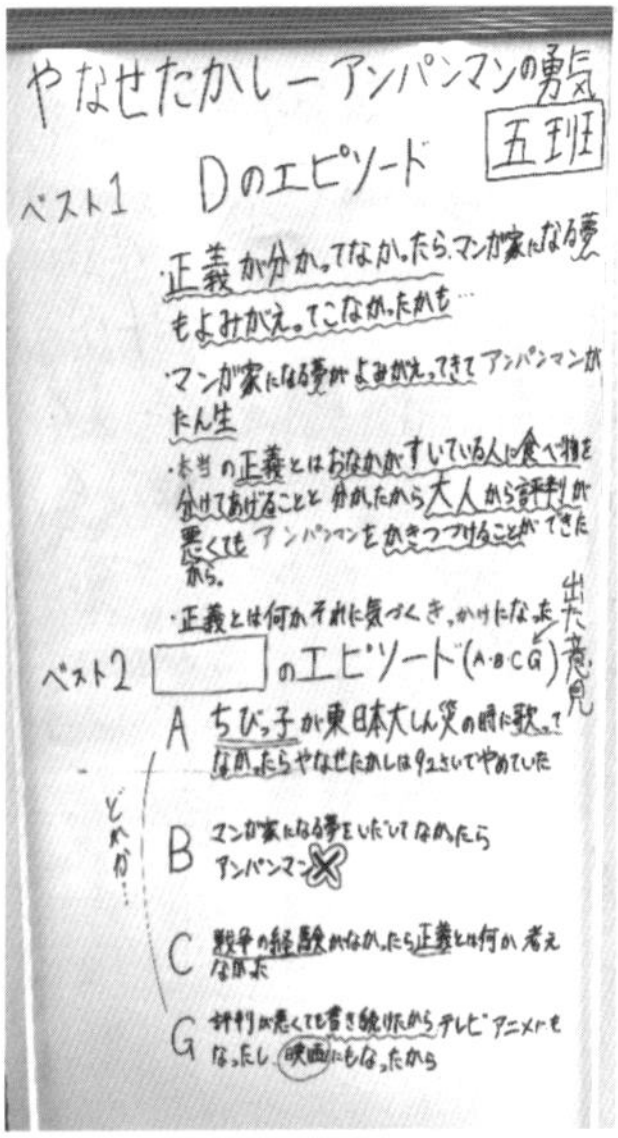

第3時で活用したホワイトボードの記録

□アウトプットの活動

他の「伝記」を読んで自分の考えを広げるアウトプットの活動を行う。学習者それぞれが選択した「伝記」を読んで紹介し合うことは、偉人の生き方や考え方への関心をさらに深め、自分たちのよりよい生き方とのつながりを実感することになる。

実践例　偉人伝祭～イチオシの偉人～

並行読書で得た情報をもとに、プレゼンテーションする。学習者が紹介したい偉人を選び、その「伝記」を読んで考えたことを伝える場を設定した。プレゼンの内容や方法は学習者自身に委ねた。多様で多彩なアウトプットの方法が生み出され、その「すべ」を児童が獲得する。準備段階で「簡単な年表を作りたい」や「PCでスライドにまとめたい」「ペアやグループで発表したい」など、様々な提案があった。「偉人伝祭」本番（授業参観日）では、年表や人物相関図、中には、オルガンで生演奏を取り入れるなど、相手を惹きつけるアウトプットの「すべ」を自分なりに考え、プレゼンできた。発表原稿には、本学習材を読んで学んだフレームを活用しようとする内容が多く見られた。それぞれが選んだ「伝記」をもとに、その人物の生き方を支えるターニングポイントを抜粋したり（人物のフレーム）、自分の生き方に偉人の考え方を取り入れたり（読者自身のフレーム）したプレゼン内容は、本学習材の読みの中で得た学びとつながっている。

自分なりにエピソードを選ぶ

これからの自分とつなげる

【「レントゲン」を選択したプレゼン内容】

病院などで使う「レントゲン」の由来となった人です。実験に実験を重ねてノーベル物理学賞をとっています。「レントゲン」にとって大切なエピソードは、「クルト」さんに「物理学をしないか。」と誘われていっしょに研究を進めたお話です。この「出会い」がなければ、今の医療に大切な「レントゲン」は生まれませんでした。僕の受け止めたパワーフレーズは、「学者の研究とは、先人の研究の成果の上に私たち後進の者がさらに積み上げ進歩するもの」です。今の医療があるのは、確かに「先人のおかげ」だと思えたからです。今までに自分の生き方や考え方に、「レントゲン」さんのような「出会い」と「先人の生き方」を大切にする心を加えながら生活したいです。

■「言葉の意味が分かること」（光村図書5年）

事例を自分の生活に引き寄せて考え、筆者の主張をとらえる授業

この教材のフレームリーディング

筆者の主張	問い	広がり	はんい		筆者の主張
		事例①	事例②−1	事例②−2	

←――――　双括型　――――→

〈活用するフレーム〉
文章形式 ● 双括型
思考 ● 原因と結果

考えを形成するアウトプット

「言いまちがい」事件簿

事例を自分の生活に引き寄せて考え、
結果に対する原因が分かるように記事にまとめる。

教材研究のポイントと身につけたい資質・能力

1 双括型の文章構成

筆者の言う「言葉の意味が分かること」とは、言葉の意味の広がりとその範囲を理解して適切に使うことであり、筆者は、それを理解することが、普段当たり前に使っている言葉や自分のものの見方を見直すことにつながる、と主張している。このことを、まず①段落で簡単に述べており、事例を踏まえたまとめとして、再度⑪段落・⑫段落で述べている。つまり、この文章は、①段落と⑪・⑫段落に主張を述べた双括型の説明文であると言える。

2 論の展開と文章構成

筆者は、主張の中にもある言葉の意味の「広がり」について問いを立て（②）、事例を挙げて説明している。

（③〜④）また、その「広がり」には「はんい」があることを述べた後（⑤）、説明するための事例を挙げている。（⑥〜⑩）⑩段落の最後の一文を、「はんい」についてのまとめととらえて構成図で表すと次のようになる。

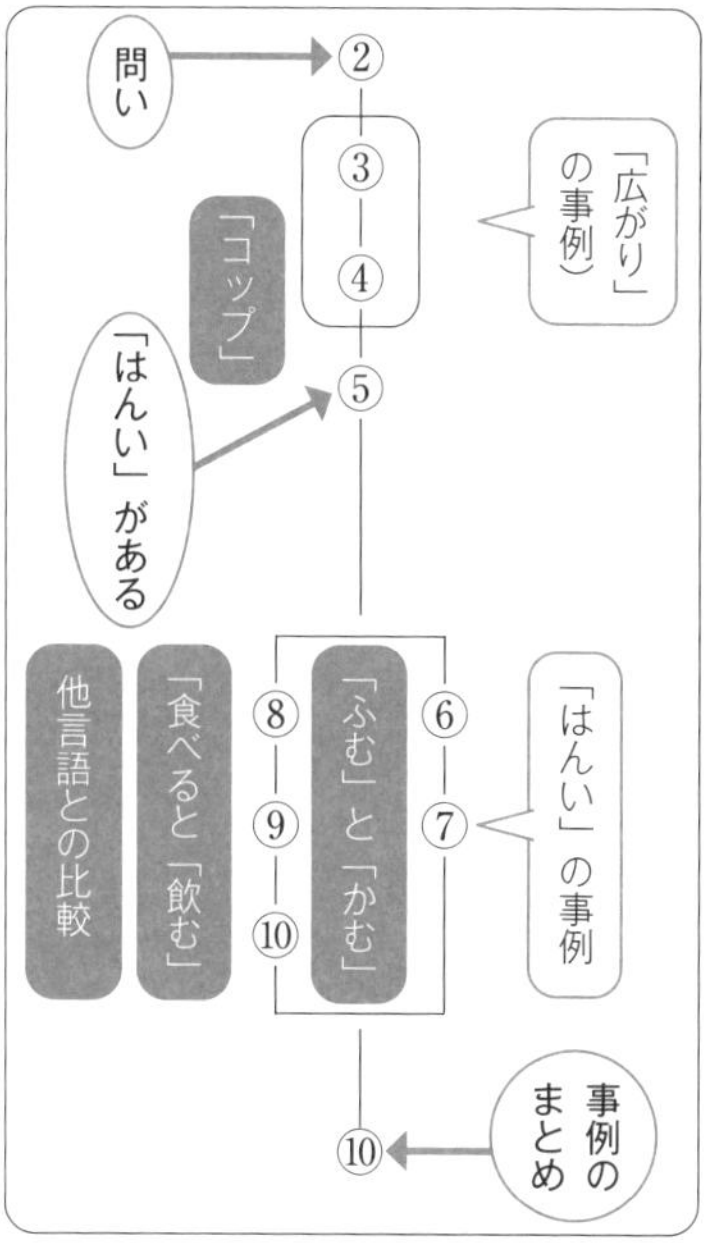

言葉の意味の「広がり」「はんい」について事例を挙げながら説明しているが、その構成が複雑であるため、子どもにとっては、意味理解が難しいと考えられる。子どもがより身近に感じることができるように、自分の生活に引き寄せて考える場面も設定したい。

3 要旨をとらえる

本単元は、高学年になって初めての説明文で、「要旨」について学ぶ。本学習材では、筆者の考えの中心となる事がらを一五〇字程度でまとめる。

筆者の主張が書かれている段落（①・⑪⑫段落）をしっかりととらえた上で、どの言葉をキーワードとして取り入れる必要があるか検討し、字数を意識しながら要旨としてまとめる活動に取り組みたい。

【要旨の例】　※網掛けはキーワード

言葉の意味には広がりがあり、言葉を適切に使うためには、そのはんいを理解する必要がある。つまり、言葉の意味を「点」ではなく、「面」として理解することが大切だということだ。さらに、言葉の意味を「面」として考えることは、ふだん使っている言葉やものの見方を見直すことにもつながる。（１３５字）

□フレームリーディングのための発問と単元構想

STEP1 文章構成を考える【構造と内容の把握】

一番大事な段落はどれ?二つ選ぼう。

筆者の考えに対する納得度は何%?

STEP2 事例を分ける【構造と内容の把握→精査・解釈】

事例は何種類?

【第1時】

一番大事な段落を二つ選ぶことを通して、筆者の主張をとらえさせる。主張は①と⑪・⑫段落の三つに分かれているため、あえて二つを選ばせることにより、①と⑫という組み合わせか、⑪と⑫という組み合わせになることに気付かせ、⑪⑫段落共通の「言葉の意味は面である」という主張だけでなく、①⑫段落共通の「ふだん使っている言葉やものの見方を見直すことにもつながる」という主張までとらえさせたい。

抽象的な言葉が多い主張であるため、納得度は低いと予想される。そこで、筆者の主張を自分なりに理解し、それに対する自分の考えをもとう、という読みの課題をもたせたい。

【第2時】（本時）

「いくつあるか」ではなく、「何種類か」と問うことで、事例をいろいろな見方でとらえさせたい。その中で、主張とのつながりにも目を向け、主張と事例の関係をつかませる。

主張をつかむ【精査・解釈】

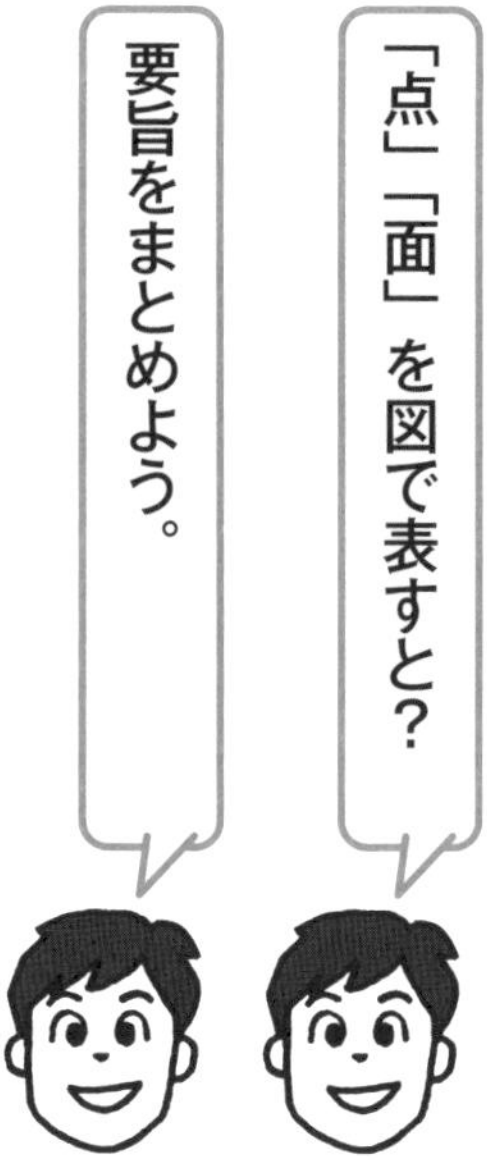
「点」「面」を図で表すと?
要旨をまとめよう。

STEP3

自分の考えを納得度で表す【考えの形成・共有】

筆者の考えに納得度は何%?

【第3時】

筆者は主張の中で、「言葉の意味を『面』として理解することが大切」と述べている。「面」という言葉と対比的に述べられている「点」という言葉の意味を、事例の言葉を使いながら図示することでとらえさせる。また、「広がり」「はんい」という言葉との関係も整理させたい。筆者の主張に対する理解が深まったところで、要旨を書く活動も取り入れる。

【第4時】

納得度をもう一度表すことで、読み深めてきたことをもとに、筆者の主張に対する自分の考えをもたせたい。ただ、事例をすんなり理解するのは難しいと予想でき、決して全員の納得度が上がるわけではないと考えられる。そこで、筆者の挙げている事例を自分の生活に引き寄せて、「言いまちがい事件簿」としてまとめる活動を取り入れ、生活の中からとらえることができるようにしたい。

□フレームリーディングでつくる一時間の授業【第2時】

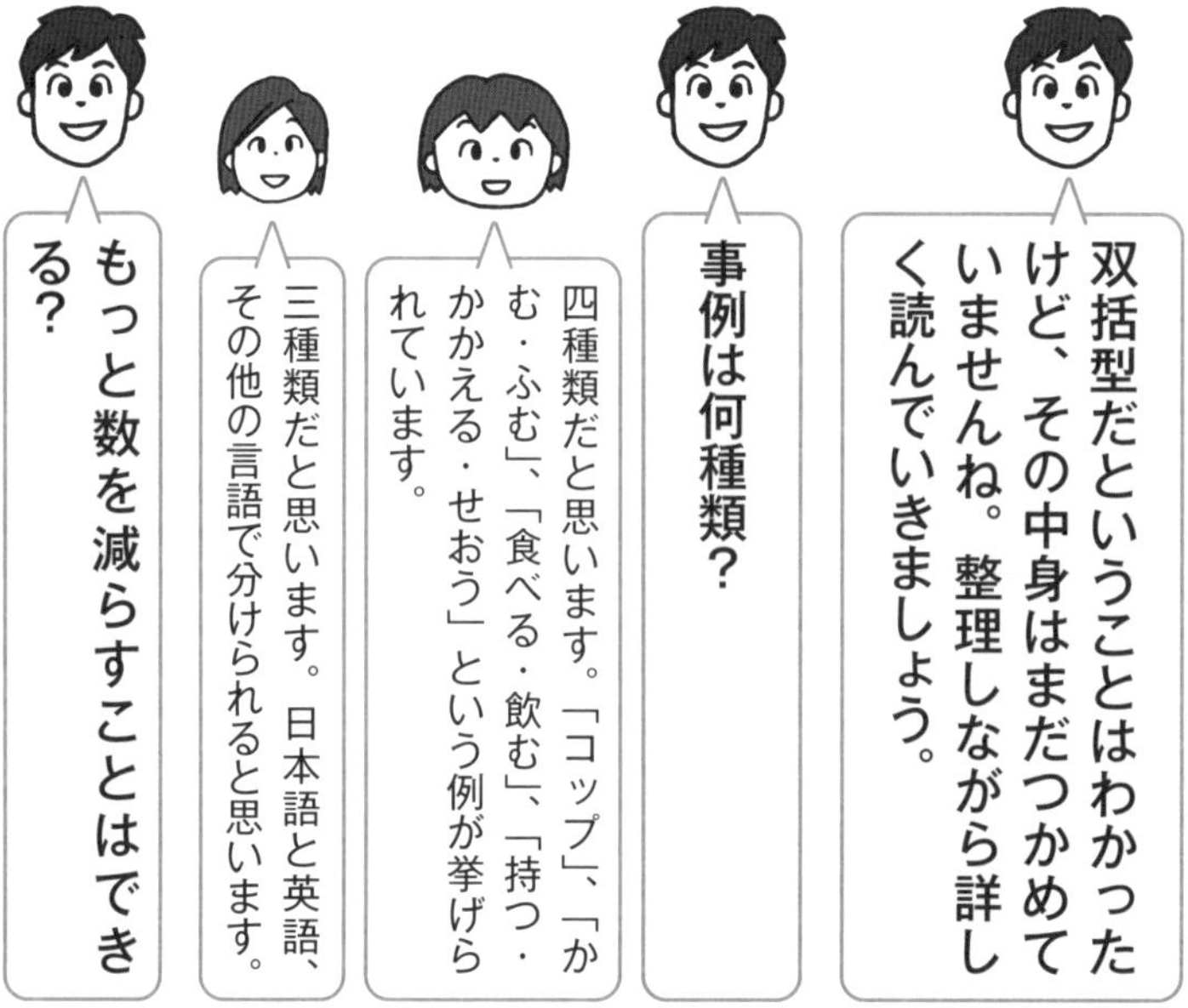
双括型だということはわかったけど、その中身はまだつかめていませんね。整理しながら詳しく読んでいきましょう。

事例は何種類？

四種類だと思います。「コップ」、「かむ・ふむ」、「食べる・飲む」、「持つ・かかえる・せおう」という例が挙げられています。

三種類だと思います。日本語と英語、その他の言語で分けられると思います。

もっと数を減らすことはできる？

本時のねらい

前時で筆者の主張をとらえているので、本時では主張以外の部分で筆者が挙げている事例を整理し、筆者の主張の理解へとつなげていく。

角度を変えて様々な見方で考えることで、事例を整理することができ、構造的にとらえることができると考えられる。大きく分けると「広がり」と「はんい」について説明するための事例であること、つまり筆者の主張につながっていることをとらえさせたい。

指導のポイント

1 「何種類」と問う

事例が何種類かということを決めることが目的ではなく、いろいろな視点で種類分けをすることで、事例同士の関係をつかみ、整理することをねらう。子どもの種類分けの理由を確認しながら、キーワードとなる言葉を整理し、板書でそのつながりを可視化していく。

小さな子どもの例と留学生などの大人の例にまとめられると思います。
母語の例と外国語の例にまとめられると思います。
③④段落の「コップ」の事例は、②段落に問いがあるから「広がり」についての説明ではないかな。
⑤段落からは「言葉の意味のはんい」をまちがえた例が説明されているね。
「広がり」と「はんい」をまとめている段落はどこ？
⑪段落だと思います。「コップ」の事例は「広がり」について、言い間違いや外国語の事例は「はんい」について説明されているんだね。

さらに、「種類を減らすことはできないか」と発問することで、事例を抽象化させることをねらう。それまでに、「コップ」「ふむ・かむ」「食べる・飲む」「持つ・かかえる・せおう」のようにグルーピングされているものを、具体的な事例のない②段落や⑤段落を手がかりにしながら、「言葉の意味に広がりがあること」と「広がりにははんいがあること」の事例としてとらえていく。それが、主張として⑪段落にまとめられていることもおさえておきたい。

「広がり」「はんい」というキーワードでの種類分けが難しいようであれば、「事例をまとめている段落はどこ？」と問うことで、⑪段落からそのキーワードをつかませ、筆者の主張とつなぐことができるようにしたい。

2 原因と結果の関係

⑦段落に「この言いまちがいの原因は、自分が覚えた言葉を、別の場面で使おうとしてうまくいかなかったことといえます。」とある。この文章の中では、「言いまちがい」を結果として、その原因は何かを述べるという原因と結果の関係がわかりやすく述べられている。事例を読み取る際に、この原因と結果の関係を確認しながら読むことで、内容の理解へとつなげたい。

板書計画

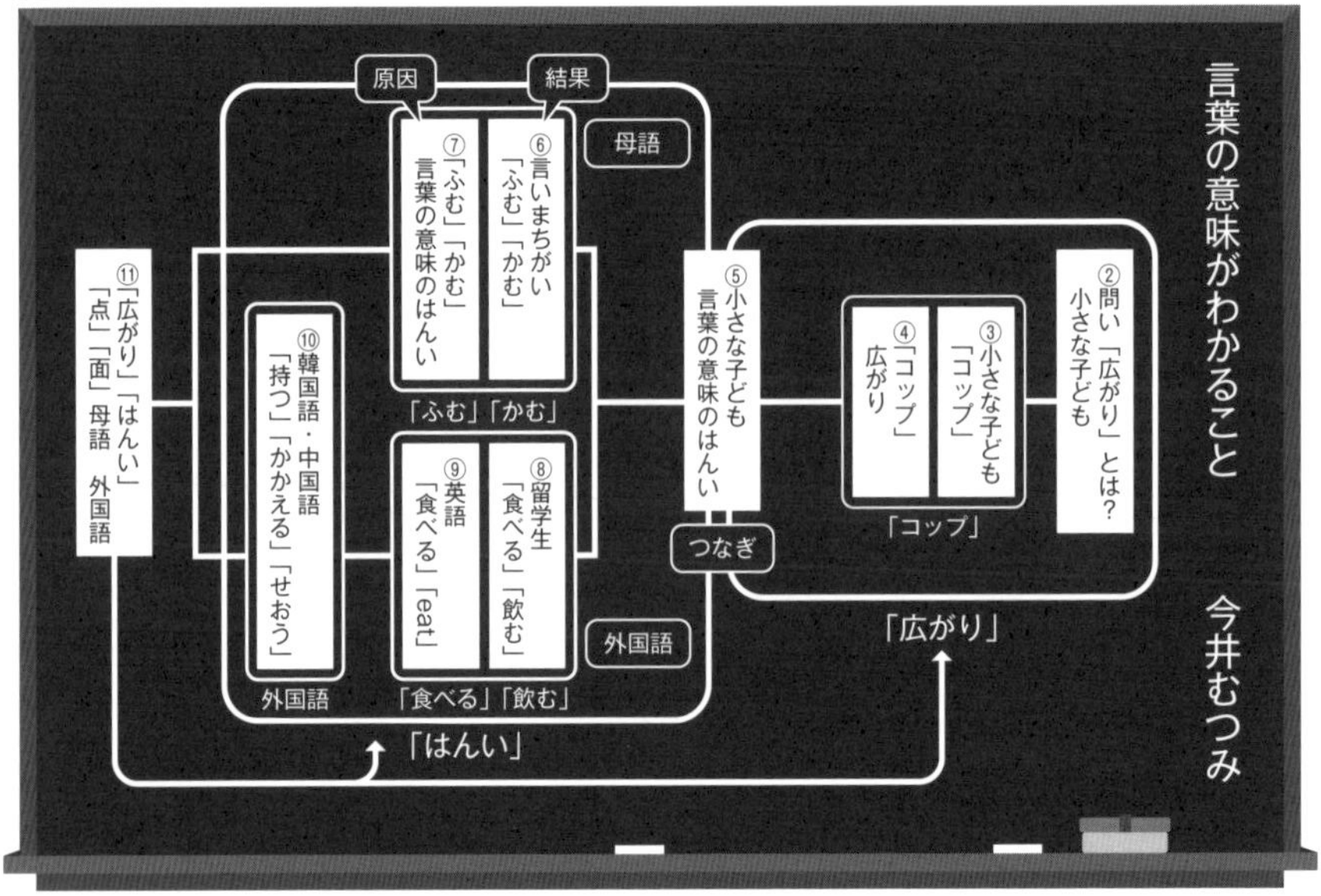

板書のポイント

1 キーワードでまとめる

段落の内容を比べやすくするために、各段落のキーワードとなるような言葉でまとめていく。その際、書き方にある程度規則性をもたせておくと、他の段落との比較を促すことができる（「コップ」が出てくるのは③④段落、など）。

2 位置を動かせるようにする

事例を分類しながら整理し、構造的にとらえていくために、段落ごとに短冊のような紙かホワイトボードなどにキーワードをまとめて黒板に貼っていく。

段落同士の距離を近くしたり間隔を空けたりしてつながりが見えるようにしたり、どんな種類に分けたのか、種類ごとに囲んだり、グループの種類を書き込んだりしてまとまりが見えやすくなるようにする。

また、高さを変えたり並列的に並べたりしながら、最終的に文章構成図になるようなイメージで板書を構成することで、事例の内容をとらえる一助としたい。

□アウトプットの活動

実践例　「言いまちがい」事件簿

本学習材の特徴に、筆者の挙げている事例の読み取りの難しさが挙げられる。子どもが事例を自分の生活に引き寄せて考え、それをアウトプットする活動を紹介する。

筆者が文章中で挙げている「言いまちがい」の事例を参考に、身の回りで起こった「言いまちがい」の事例を事件化する（創作も可）。その際、「言いまちがい」（＝「結果」）の「原因」が分かるように解説するような記事にする。文章中では、事例の「結果」として書かれている「言いまちがい」だけでなく、その「原因」も説明され、主張と事例の結び付きがわかりやすくなっている。事例をとらえる際に、この関係を押さえておきたい。

結果	原因
歯でくちびるをふんじゃった。	自分が覚えた言葉を、別の場面で使おうとしてうまくいかなかった
朝食にスープを食べました。	英語と同じ感覚で「食べる」という言葉を使った

【子どもの作品】

ことば新聞
魚は全て金魚
いとこ(2)は最近「金魚」という言葉を覚えました。金魚を見て「金魚、金魚」と言っていたのですが…
ある時、海の生き物図かんを見て、イワシを見たいとこは「金魚！」と。その後もマグロやサメを見て「金魚」を連呼。いとこにとっては魚の形のものは全て「金魚」でした。
いとこは、「金魚」という言葉のはんいを広げて魚全てに使ってしまっていました。金魚以外の魚の言葉も覚えられるといいです。

原因　　結果（言いまちがい）

友達の評価

「とても納得！結果と原因がわかりやすい」

・自分の身の回りから言いまちがいの事例を見つけて事件化している。（結果）
・原因を明確にし、筆者の主張に合わせて解説している。

■「固有種が教えてくれること」（光村図書5年）

文章における資料の効果を考え、その効果を生かして表現する授業

この教材のフレームリーディング

話題提示	筆者の主張	固有種が教えてくれること[1]		固有種が教えてくれること[2]			筆者の主張
		事例① 資料1	事例② 資料2	事例③ 資料3 4	事例④ 資料5	事例⑤ 資料6 7	

〈活用するフレーム〉
文章形式 ● 双括型の文章構成
情報 ● 資料を用いた文章の効果

考えを形成するアウトプット

「『ざんねんな固有種事典』をつくろう」
目的に合った資料を活用して、ざんねんな一面をもった固有種の紹介事典をつくる。

教材研究のポイントと身につけたい資質・能力

1 文章構成と論の展開

「固有種が教えてくれること」という題名そのものが、読みの課題を示している、双括型の説明文である。

学習者は「固有種とは？」「教えてくれるものは何？」と疑問をもちながら読み進めることとなる。

筆者のいう「教えてくれること」は次の二つである。

[1] 固有種が、生物の進化と日本列島の成り立ちの生き証人であること

[2] 固有種が、日本列島のゆたかで多様な自然環境が守られていることのあかしであること

この二つを根拠にし、⑪段落でこう主張している。

⑪ わたしたちは、固有種がすむ日本の環境をできる限り残していかなければなりません。それが、日本にくらすわたしたちの責任なのではないでしょうか。

この文章が双括型である根拠は、右に示した筆者の主張が、②段落にも示されていることによる。

②…わたしは、この固有種たちがすむ日本の環境を、できるだけ残していきたいと考えています。

筆者は、固有種の重要性そのものよりも、固有種が生きる日本の環境を残す大切さを述べている。学習者の初読時には主張に対する納得度があまり高くないと予想され、そこから自ずと読みの必然性が生まれると考える。

また⑦段落は「つなぎ」の段落といえる。なぜなら、前半で「生物の進化と日本列島の成り立ち」の話をまとめ、後半で「環境保護」について触れているからである。

文章構成図に表すと次のようになる。

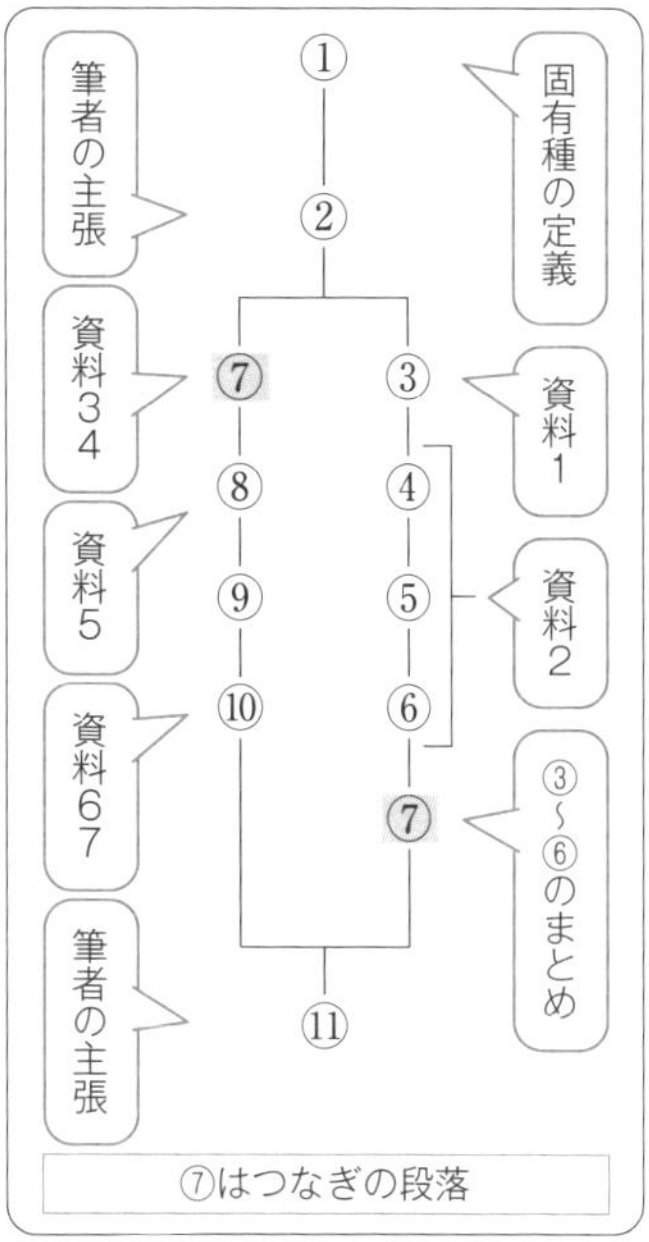
固有種の定義
資料1
資料2
③～⑥のまとめ
筆者の主張
資料3 4
資料5
資料6 7
筆者の主張
①
②
③
④
⑤
⑥
⑦
⑦
⑧
⑨
⑩
⑪
⑦はつなぎの段落

2 資料の活用

この説明文には、論の展開に応じて、七つの資料が示されている。学習者は、これらの資料と本文とを結び付けることで、資料は、「文章理解を助けるもの」「主張を支え、論に説得力を持たせるもの」といったことを学びながら、論の展開を掴んでいくことができる。

ただ、資料6・7には、注意したい。資料6は、天然林の減少を示し、資料7は、ニホンカモシカを駆除せざるを得ない状況があったことを示し、この二つのグラフを比べて分析することで、二つ目の根拠を強める資料として扱われている。しかし、資料6・7は縦に、年代をずらして配置されているため、「天然林が減少したため、ニホンカモシカを捕獲するようになった」ことを読み取らなければならないのに、「天然林の減少と同時期に、ニホンカモシカを捕獲してきた」と、誤って読み取ることが予想される。

このように、筆者の主張を的確に読み取るために、わかりにくい資料を丁寧に分析し、資料が表す意味を読み取ることが大切であると考える。

STEP1

資料を吟味し、文章とのつながりを意識することで、全体像をとらえる【構造と内容の把握】

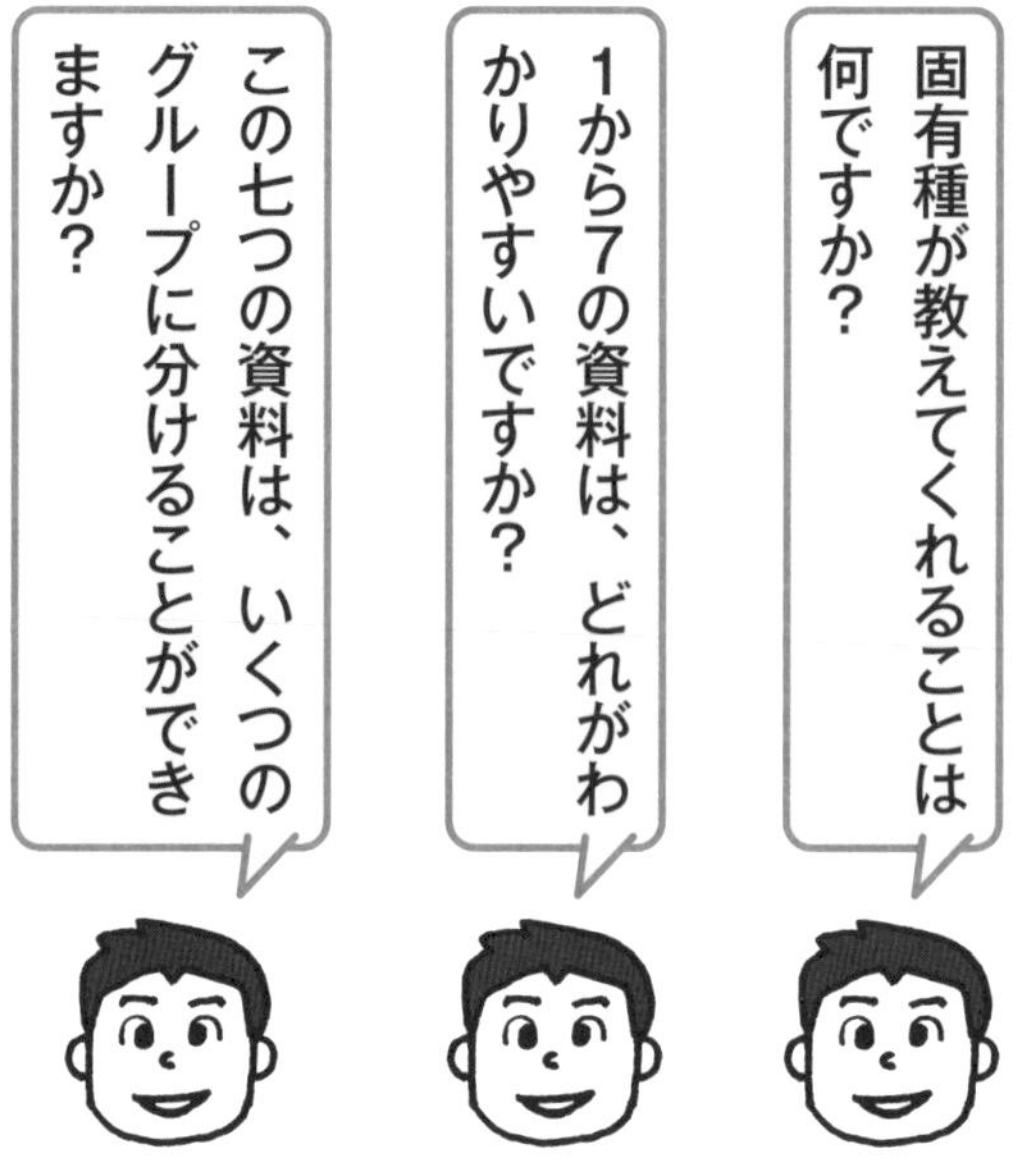
固有種が教えてくれることは何ですか？
1から7の資料は、どれがわかりやすいですか？
この七つの資料は、いくつのグループに分けることができますか？

【第1・2時】

「固有種が教えてくれること」を探し、このことに対して筆者がどう述べているか読み取ることで、筆者の主張をつかむことができる。そして、「日本の環境を残していくことが責任だ。それは固有種が二つのことを教えてくれたからだ。」という主張から、固有種が教えてくれたことを詳しく読み解こうという必然性が生まれる。また、固有種に関わる挿絵や資料が多いことから、次は本文と資料を詳しく読み解こうという展開につながる。

次に、資料の納得度を問うことで、「なぜ納得するか・しないか」を考え、資料と本文の詳しい読みへとつなげる。

そして、それらの資料をグループに分けるという活動でまとまりを意識できるようにすると、「固有種が教えてくれる二つのこと」と関連させて、大きく二つに分けられることが見えてくる。資料と本文を関連させて読むことで、大まかな内容と構造が把握できる。

STEP2 資料の役割を意識させ、筆者の主張とのつながりを読み取る【構造と内容の把握→精査・解釈】

主張を支えるのに、筆者が一番大切にしている資料はどれですか?

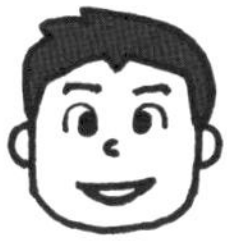

【第3・4時】

ここではあえて「一番はどれ?」と問うことで、資料の読み取りだけでなく、内容の詳細な読みへと広げる。「主張を支える」と条件を付け、一番を探すことで、どの資料が本文とつながりが強いか、本文を詳しく読もうとする。こうして、資料同士を比較するだけでなく、資料と主張との関係性に着眼点を広げさせる。ここでは、読み取りの難しい資料6・7と主張の関係を議論し、資料が「文章理解を助けるもの」だけでなく、「主張を支えるもの」という役割があるということにも考えを広げさせる。

STEP3 効果的な資料の活用を考える【考えの形成】

自分が筆者なら、どの資料を使いたいですか?

【第5時】（本時）

これまでの読みを振り返りながら、「適切な資料とその活用方法」を考える時間にする。効果的な資料やそうでない資料が、なぜそう感じるのかをまとめることで、内容理解を助ける資料か、主張を支える資料かという活用の違いをはっきりさせる。資料を活用するときのポイントを考え、アウトプットの活動につなげる。

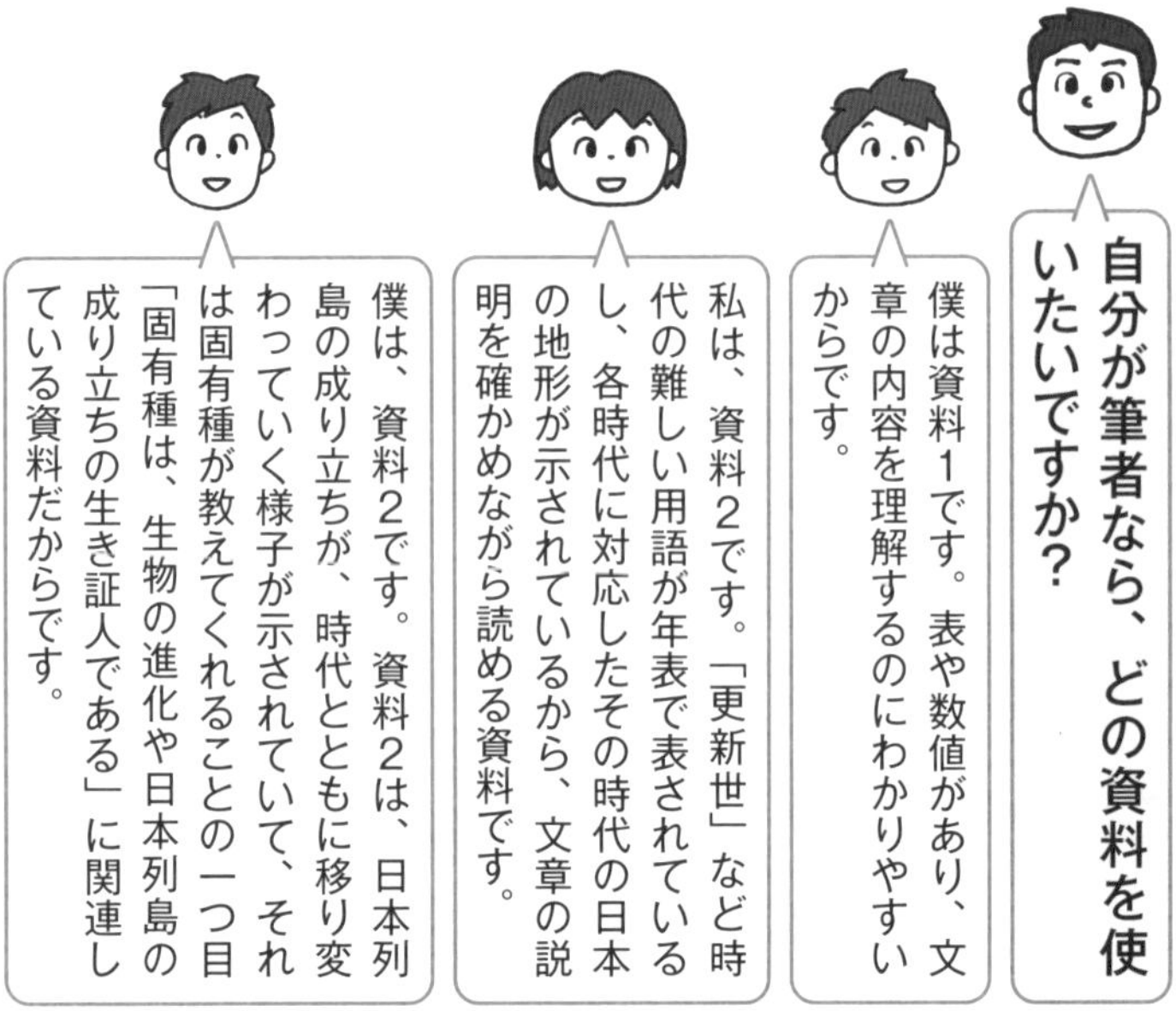
自分が筆者なら、どの資料を使いたいですか?
僕は資料1です。表や数値があり、文章の内容を理解するのにわかりやすいからです。
私は、資料2です。「更新世」など時代の難しい用語が年表で表されているし、各時代に対応したその時代の日本の地形が示されているから、文章の説明を確かめながら読める資料です。
僕は、資料2です。資料2は、日本列島の成り立ちが、時代とともに移り変わっていく様子が示されていて、それは固有種が教えてくれることの一つ目「固有種は、生物の進化や日本列島の成り立ちの生き証人である」に関連している資料だからです。

本時のねらい

ステップ1・2までの詳細な読みをもとにして、本時で再び全体を見直して読み、資料の活用に対して、自分の考えをもつ。そして、資料の役割や活用の仕方を学び、アウトプットの活動で実際に適切な資料を選び、活用できる力を育む。

指導のポイント

1　どの資料が効果的かを選ぶ

ステップ2までで、筆者の主張と資料の関係について詳細に読んできた。ここでは、筆者目線になって、自分ならどの資料を使いたいかを選ぶことを通して、資料の効果を考える活動を行う。自分が使いたい資料を全て選び、選んだ理由をまとめる。

全ての資料は、主張と関係あるが、自分が筆者として、論を進める上で、その資料が内容理解を助けるものか、主張を支える資料なのか、吟味しながら考えをまとめていく。

2　効果的ではないと判断した資料について考える

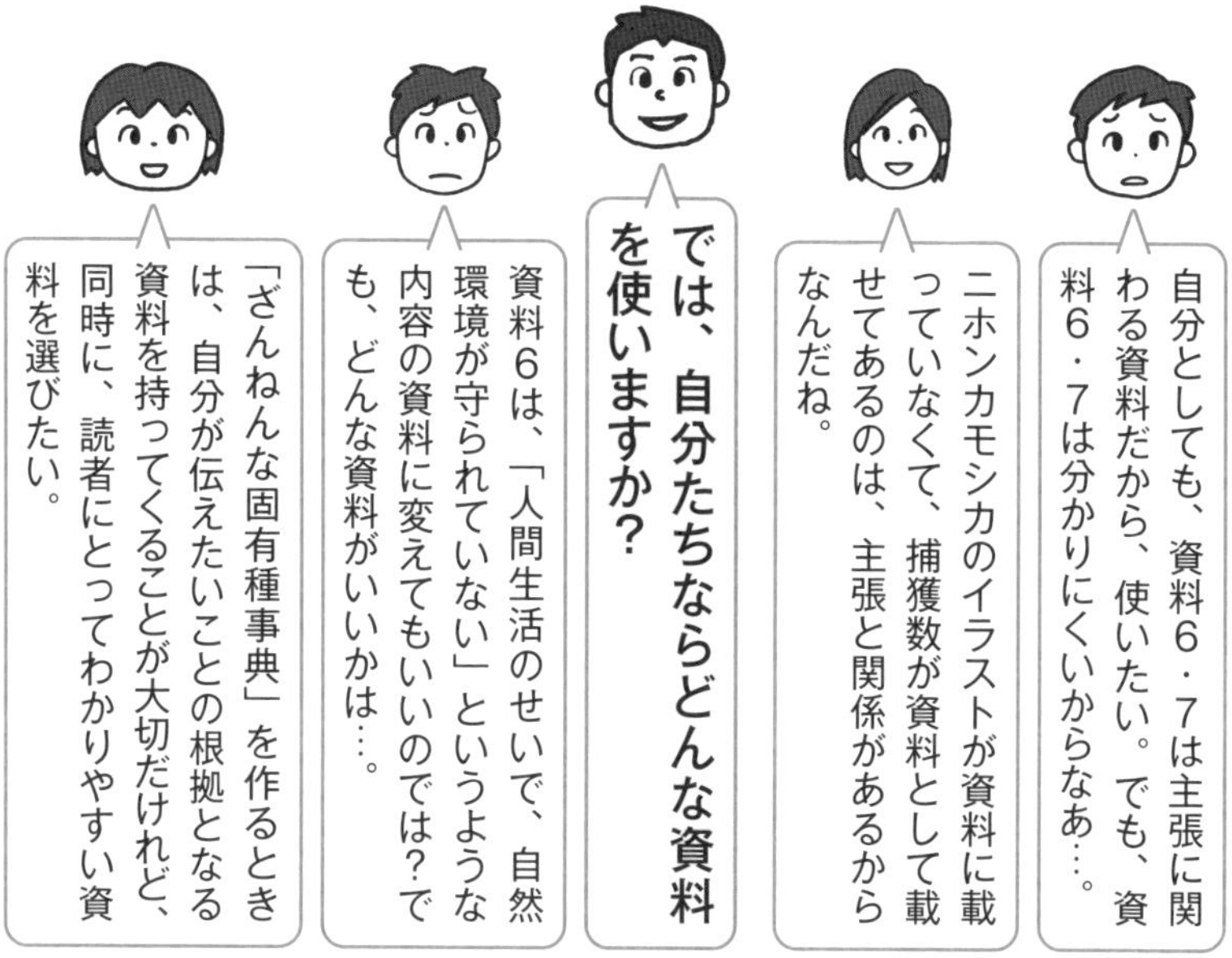
自分としても、資料６・７は主張に関わる資料だから、使いたい。でも、資料６・７は分かりにくいからなあ…。

ニホンカモシカのイラストが資料に載っていなくて、捕獲数が資料として載せてあるのは、主張と関係があるからなんだね。

では、自分たちならどんな資料を使いますか？

資料６は、「人間生活のせいで、自然環境が守られていない」というような内容の資料に変えてもいいのでは？でも、どんな資料がいいかは…。

「ざんねんな固有種事典」を作るときは、自分が伝えたいことの根拠となる資料を持ってくることが大切だけれど、同時に、読者にとってわかりやすい資料を選びたい。


資料６・７は、読み取りが難しい資料である。なぜこの資料が必要なのか、資料の内容をじっくり読み取りながら、判断していきたい。押さえておきたいことは、主張を支える資料として使われていることだ。資料が内容の理解のためなのか、主張を支えるためなのか判断がつけば、どんな資料が必要か判断できる。「なんでニホンオオカミのイラストはあるのに、ニホンカモシカのイラストがないの？」と疑問が出ていたが、「多様な自然環境が守られていることのあかし」という主張の根拠に、ニホンカモシカのイラストは必要ないと気づくこともできる。

3　自分たちなら資料をどう変えるか考える

資料６・７は読み取りが難しいため、主張の根拠として提示する別の資料を考える。だが実際には、子どもたちから資料の代替案が出てくることは難しいと考えられる。それでも、もし自分が筆者なら、「自分の主張の根拠」となる資料を活用したいと考えることはできるであろう。アウトプットで「ざんねんな固有種事典」を作るときは、自分が伝えたい内容を助ける資料であるか、言いたいことの根拠となる資料であるかを意識しながら、資料の活用に取り組ませたい。

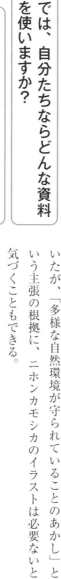

板書計画

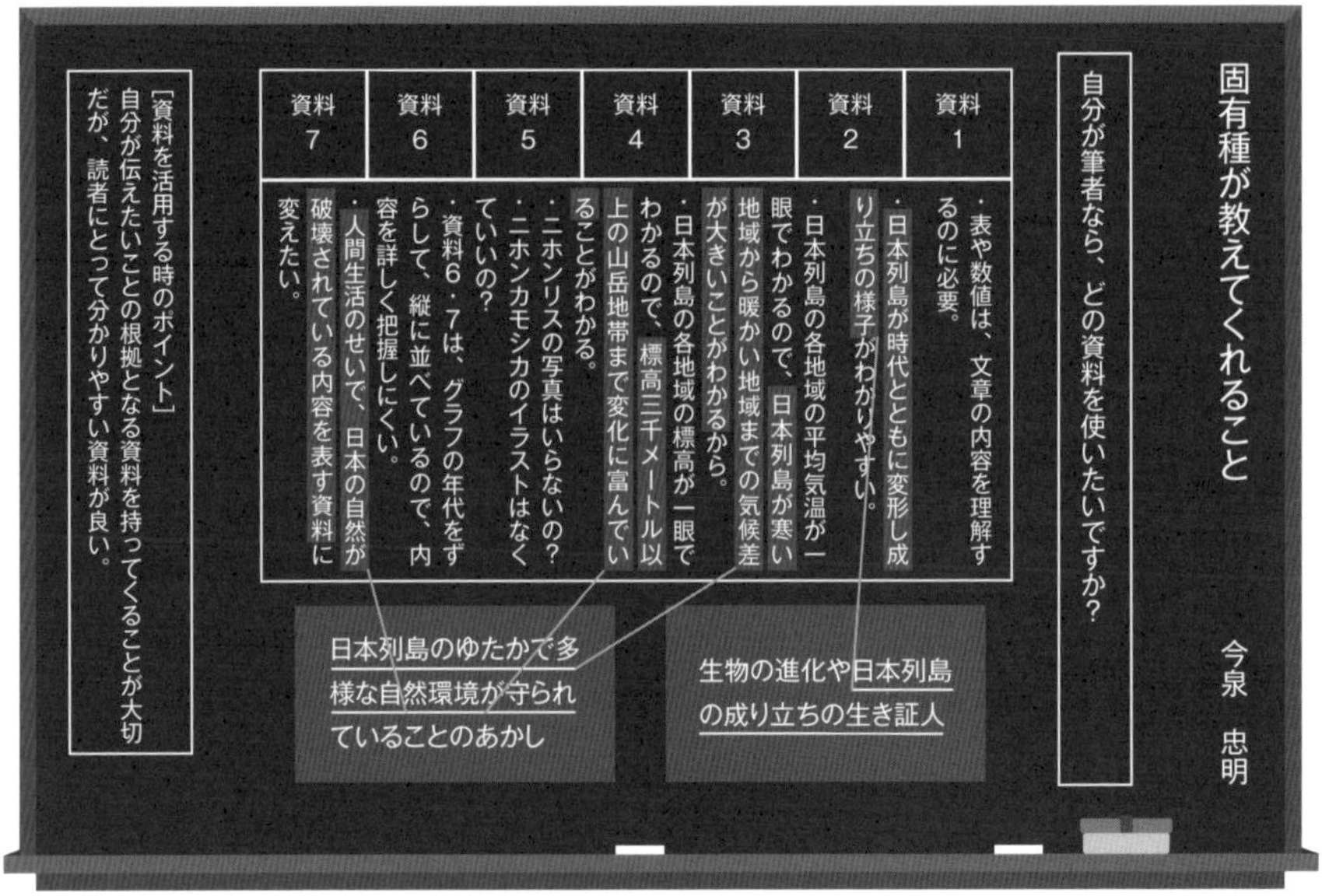
固有種が教えてくれること
今泉　忠明
自分が筆者なら、どの資料を使いたいですか?
資料1
資料2
資料3
資料4
資料5
資料6
資料7
・表や数値は、文章の内容を理解するのに必要。
・日本列島が時代とともに変形し成り立ちの様子がわかりやすい。
・日本列島の各地域の平均気温が一眼でわかるので、日本列島が寒い地域から暖かい地域までの気候差が大きいことがわかるから。
・日本列島の各地域の標高が一眼でわかるので、標高三千メートル以上の山岳地帯まで変化に富んでいることがわかる。
・ニホンリスの写真はいらないの?
・ニホンカモシカのイラストはなくていいの?
・資料6・7は、グラフの年代をずらして、縦に並べているので、内容を詳しく把握しにくい。
・人間生活のせいで、日本の自然が破壊されている内容を表す資料に変えたい。
生物の進化や日本列島の成り立ちの生き証人
日本列島のゆたかで多様な自然環境が守られていることのあかし
[資料を活用する時のポイント]
自分が伝えたいことの根拠となる資料を持ってくることが大切だが、読者にとって分かりやすい資料が良い。

板書のポイント

1　資料を使いたい理由・ためらう理由を並べて板書する

子どもが考えた資料を使いたい理由・ためらう理由を、並べて板書することで、他者の意見も比べながら考えることができる。子どもの意見を板書する際、下に「固有種が教えてくれること」の二つを書くので空けておく。そして、子どもの発言の中に、筆者の主張との関わりをもとにした発言が出てきた際に、下段に「固有種が教えてくれること」の二つを書き加え、線で結んで、関係があることを視覚的にとらえられるようにする。

2　どんな資料に変えるか、学習者の考えを板書する

子どもの実態に応じて書く内容は変わってくるが、読み取りが難しい資料の代替案が出てくれば、板書することが理想である。大切なのは、子ども一人一人が、筆者の資料の活用に対して、自分の考えをもてるかどうかである。資料のわかりやすさだけでなく、主張を支える資料であるかを常に意識しながら話し合いをしていきたい。

□アウトプットの活動

実践例 「ざんねんな固有種事典」をつくろう

本文の学習を通して、「固有種がいる理由」や「資料の効果的な活用方法」を学び、たくさんの固有種が日本には存在していることがわかった。また、筆者今泉忠明氏は、「ざんねんないきもの事典」シリーズの著者である。そこで、「ざんねんな固有種事典」をみんなでつくろうというアウトプットを設定した。様々な固有種を調べ、その資料をもとに、「ざんねんな固有種事典」を作成する活動が学習者の学びの追究となると考えた。

実際に作る際には、次の二つを条件にした。一つ目は、「プラスの面はあるが、実はこんな残念な面もあるいきもの」という固有種事典を作るということ。二つ目は、その特徴がわかるように、本文で学習した「資料の効果的な活用方法」で事典をつくることである。

また、作成後にこの二つの条件を使った事典になったかどうかを学習者自身が振り返りを行う。

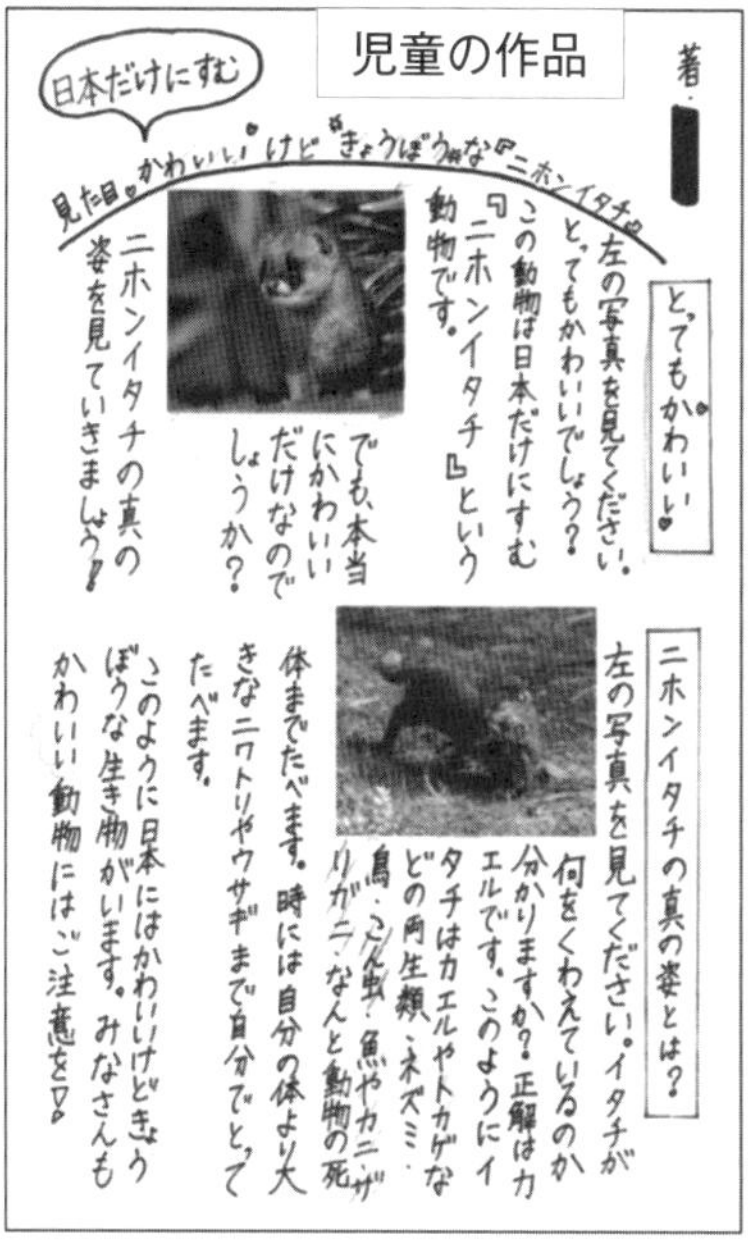

児童の作品

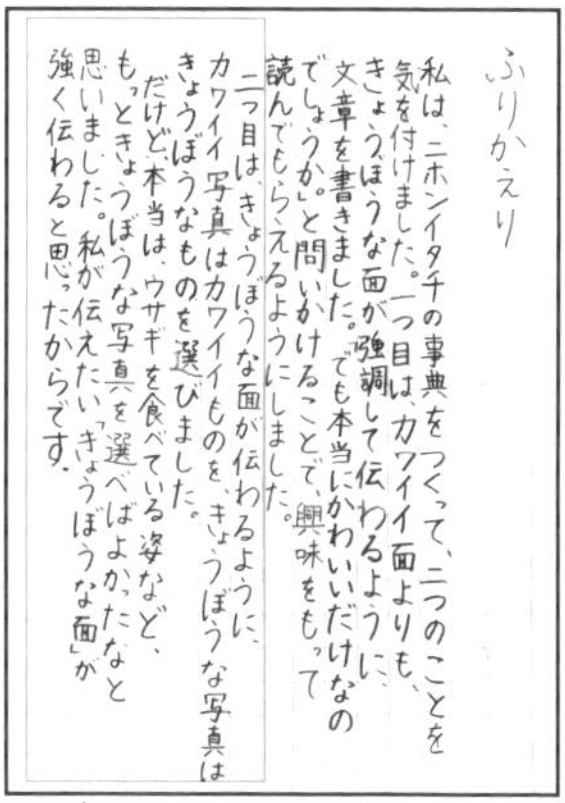

「自分は凶暴さを伝えたかったが、資料を見るともっと凶暴な写真が良かったと反省」と振り返っている。この子どもは、「言いたい事を支える為の資料」として活用しようとしていると評価できる。

■「帰り道」（光村図書6年）

二つの視点から語られた物語を、比べたり重ねたりして読み、自分なりの解釈を表現する授業

この教材のフレームリーディング

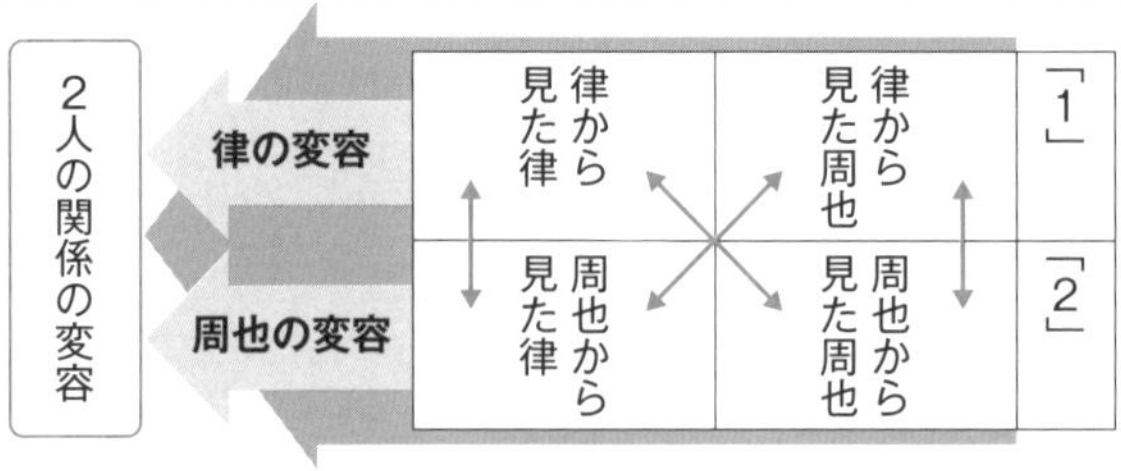

「1」
「2」
律から見た周也
周也から見た周也
律から見た律
周也から見た律
律の変容
周也の変容
2人の関係の変容

〈活用するフレーム〉視点、人物、変容

・「1」と「2」で対比的に描かれている2人の人物像とそれぞれの変容

・「1」と「2」を重ねて読むことで見える2人の共通点と関係の変容

考えを形成するアウトプット

・「最後の場面を、三人称視点で書きかえると」

・「翌日の昼休憩の2人の様子は?」

自分なりの伏線を持ち、2人の表情や行動、情景描写などの表現の仕方を工夫して、自分の読みを表現する。

教材研究のポイントと身につけたい資質・能力

1 作品の特性と構成〈「律」と「周也」と「学習者」〉

誰にも帰り道がある。読者である子どもたちの五年間分の帰り道の思い出の中には、楽しいだけではなく、苦い出来事もあるであろう。どこにでもいそうな等身大の「律」と「周也」は「学習者」自身でもある。同じ時間、同じ空間を、律と周也のそれぞれの視点で描かれた二部構成の作品を、「視点」というフレームと「言葉」に注目しながら読み深めていきたい。

2 視点①〈異なる視点から対比的に読む〉

「1」において、律は、周也のことを活発で、自分の考えが言えて、何事もテンポよく乗り越えていくことができる人物だと思っている。一方で、自分自身のことを、一つのことを引きずって気にする傾向にあり、思ったこ

とを言えないとネガティブにとらえている。しかし、「2」において、周也は、律のことを物事とじっくり向き合う余裕があり、落ち着いて物事を進めることのできる人物だと思っている。それに対して、自分は、落ち着きがなく、余計なことをしたり言ったりしてしまいがちであるととらえている。このように、対比的に描かれている二人の異なる視点から見ると、同じ出来事であっても、異なるとらえ方で描かれていることに気付き、律と周也それぞれの変容を読み取ることができる。一歩踏み出すことができた律と立ち止まることができた周也、それぞれの成長が、違った形で意味づけられているといえる。

3 視点② 〈異なる視点から出来事を重ねて読む〉

「1」と「2」を重ねて読むと、二人のお互いに対する思いのズレ、それを踏まえた二人の成長や関係の変容を読み取ることができる。

「律」と「周也」の人物像を並べてみると、自分が短所だととらえている部分を、相手は長所だと思っていることがわかる。また、お互いに相手の長所に対して、引け目を感じているといえる。こうした二人のお互いに対する思いのズレや相手に対する引け目が、二人の関係に気まずさをもたらす原因になっている。

物語は、後半の天気雨をきっかけに、二人の間に変容が訪れる展開となっている。激しい雨に打たれた際の二人の様子や、雨が降ったことによる周囲の景色の変化が、二人の中で何かが変わっていったことを暗示している。勇気をふりしぼって自分の思いを伝えられた律と、そんな律の言葉を初めてちゃんと受け止めることができたと感じた周也は、どちらも自分に対する不甲斐なさとお互いに対する引け目を乗り越え、自分自身を認め、相手と向き合うことで少し成長することができたと読むことができる。このように、重ねて読むことで、二人の成長が、二人の関係性の変容であることがわかる。

4 視点③ 〈三人称で物語をリライト〉

天気雨が去った後の二人の様子を、読み手の視点でリライトすることで、今までの学びのつながりが顕在化できる。自己評価にもつながる学習だと考える。

□フレームリーディングのための発問と単元構想

STEP 1

「1」「2」それぞれから人物像を捉え、比較する【構造と内容の把握】

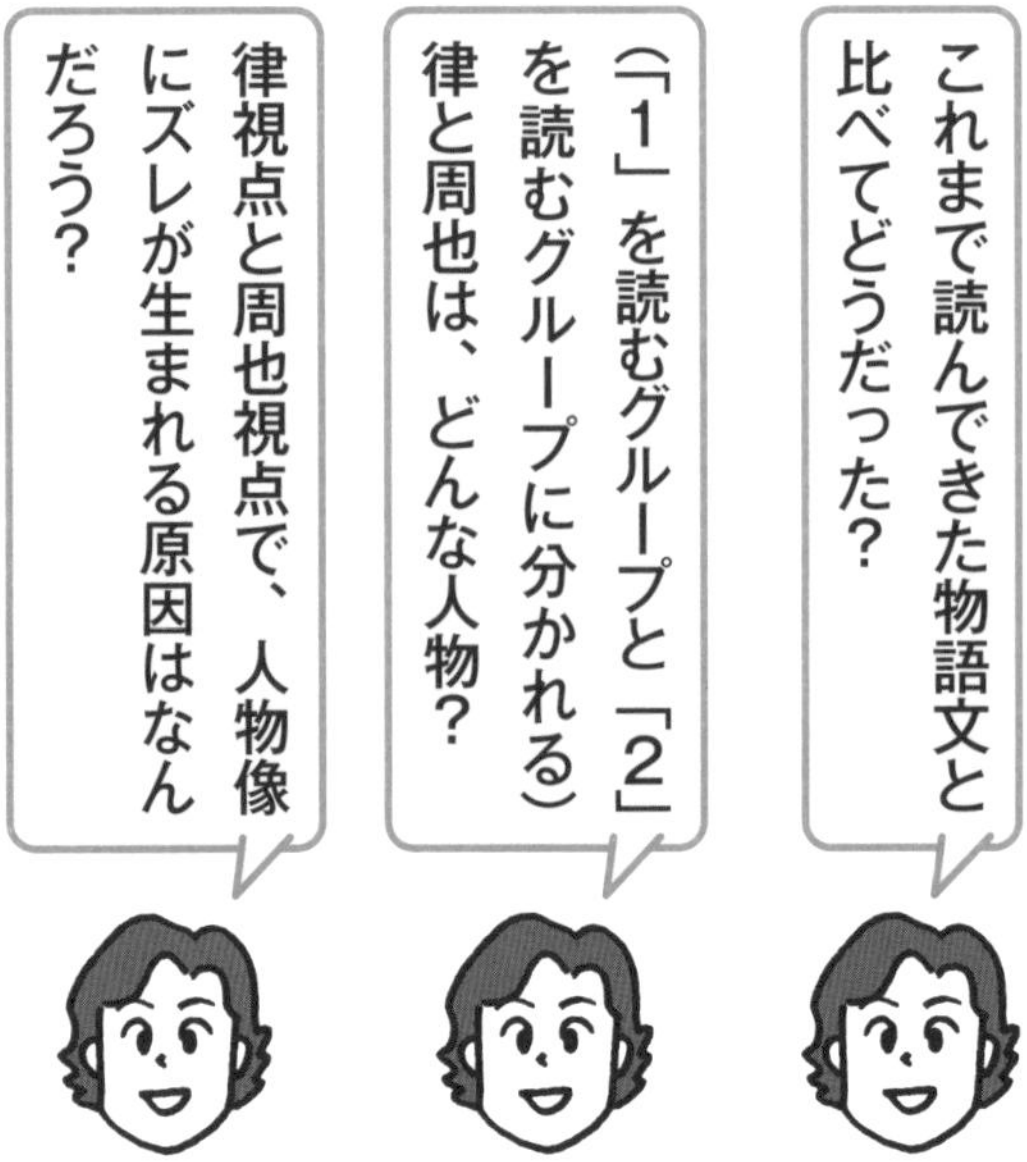
これまで読んできた物語文と比べてどうだった？
（「1」を読むグループと「2」を読むグループに分かれる）律と周也は、どんな人物？
律視点と周也視点で、人物像にズレが生まれる原因はなんだろう？

【第1時】

「なぜ、このような構成になっているのかを探る」という読む目的をもてるようにする。

人物像を、「1」から読み取るか、「2」から読み取るかで、律と周也の印象には違いがある。表に整理していくことで、「1」と「2」におけるズレに、子どもが、自然と目を向けられるようにする。

【第2時】

第1時で明らかになったズレについて、その原因を考えることで、律も周也も、お互いについて対照的な評価をしていることが見えてくる。そして、そのことが、自分に対する不甲斐なさ、または、相手への憧れや引け目につながっており、二人の関係に気まずさをもたらしている。これは、第3時で、二人の変容を読む際にも重要になると考えられる。

STEP2

クライマックスにおいて、変容したものを数える【構造と内容の把握 → 精査・解釈】

天気雨を境に、変わったものはいくつ？

【第3時】（本時）

天気雨を境に、律と周也が変容していることは、容易に気づくだろう。まず、それを確認する。その上で、変わったものの数を問うことで、律と周也それぞれの変容とそれに伴って変容している二人の関係をとらえさせたい。その際、ステップ1での学びを踏まえて考えられるようにする。また、子どもが、見つけた変容を出し合い、その理由や根拠となる叙述を確認する際には、情景描写も重要なポイントとなる。

STEP3

最後の台詞について、どちらを誰が言ったか選ぶ【精査・解釈 → 考えの形成・共有】

「行こっか。」「うん。」は、どちらが誰の台詞？

【第4時】

どちらが誰の台詞なのかが、はっきりと分かる叙述がない「行こっか。」「うん。」を取り上げ、読者として自分の読みを表現する。二人の変容を踏まえ、律が先に言葉を発したと考える子どもが多いと考えられるが、人物像に着目し、そう簡単に大きくは変わらないため、周也が先だと考える子どももいるだろう。第3時までの読みを踏まえ、子どもが、自分なりの伏線をもって、自分の解釈を表現できるようにしたい。

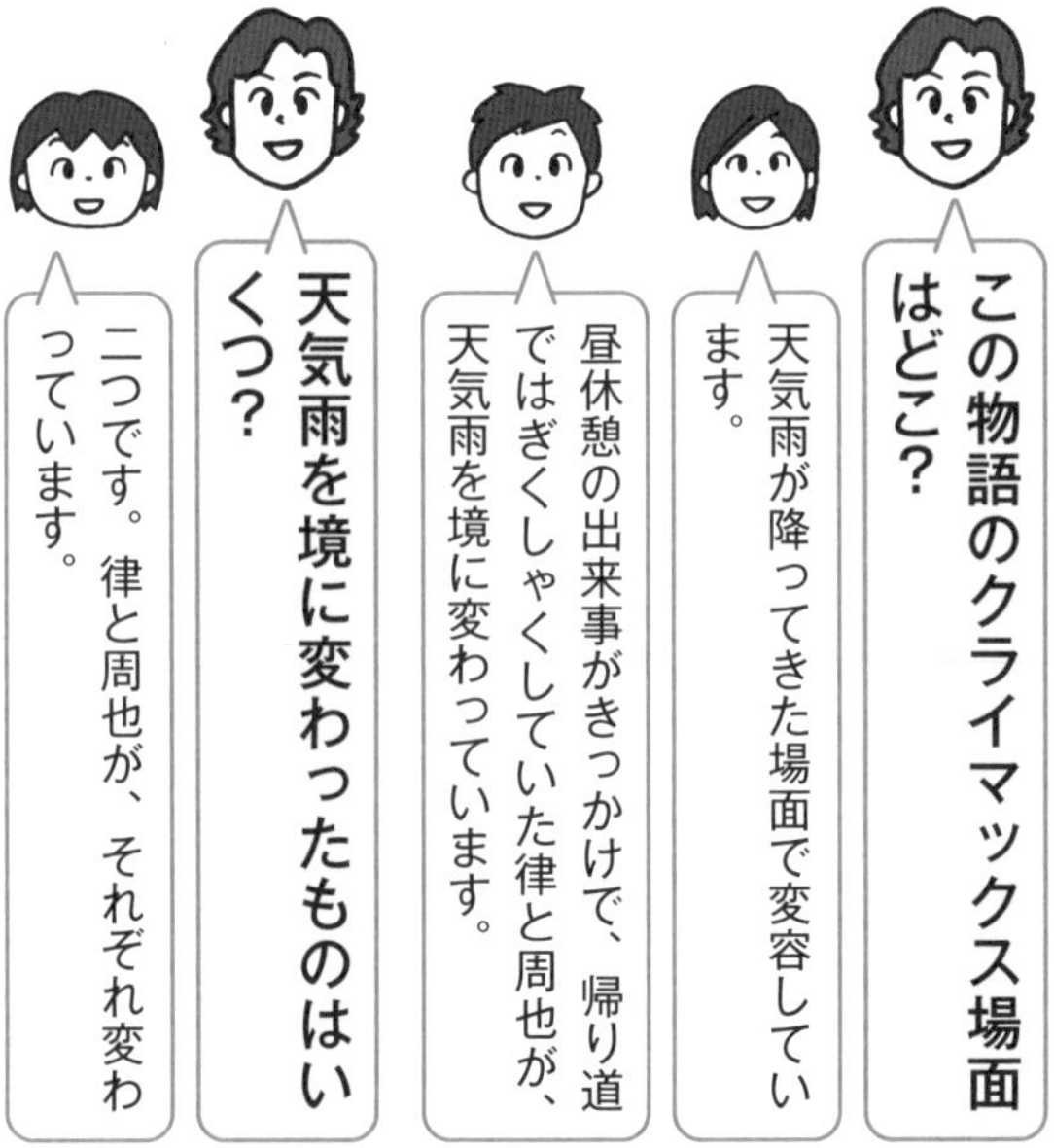
この物語のクライマックス場面はどこ？

天気雨が降ってきた場面で変容しています。

昼休憩の出来事がきっかけで、帰り道ではぎくしゃくしていた律と周也が、天気雨を境に変わっています。

天気雨を境に変わったものはいくつ？

二つです。律と周也が、それぞれ変わっています。

本時のねらい

クライマックス場面での変化がいくつあるかを考えることで、同じ出来事について、二つの視点から書かれた文章を、両方の叙述に着目しながら読み、登場人物の心情や相互関係の変容をとらえる。

指導のポイント

1 複数の変容を読む

自分が数えた変わったものの数を交流すると、子どもによって、一つから七つ程度に分かれることが考えられる。その中身としては、律と周也それぞれの行動の変容、相手に対する見方の変容、自分に対する見方の変容、そして、二人の関係の変容がある。行動の変容が、最も見つけやすいと考えられるが、勇気を出して自ら行動を起こす律の変容に比べ、相手の言葉を受け止めるという周也の変容には、気づきにくい子どももいると考えられる。また、相手や自分に対する見方の変容については、登場人物の人物像や設定をとらえること

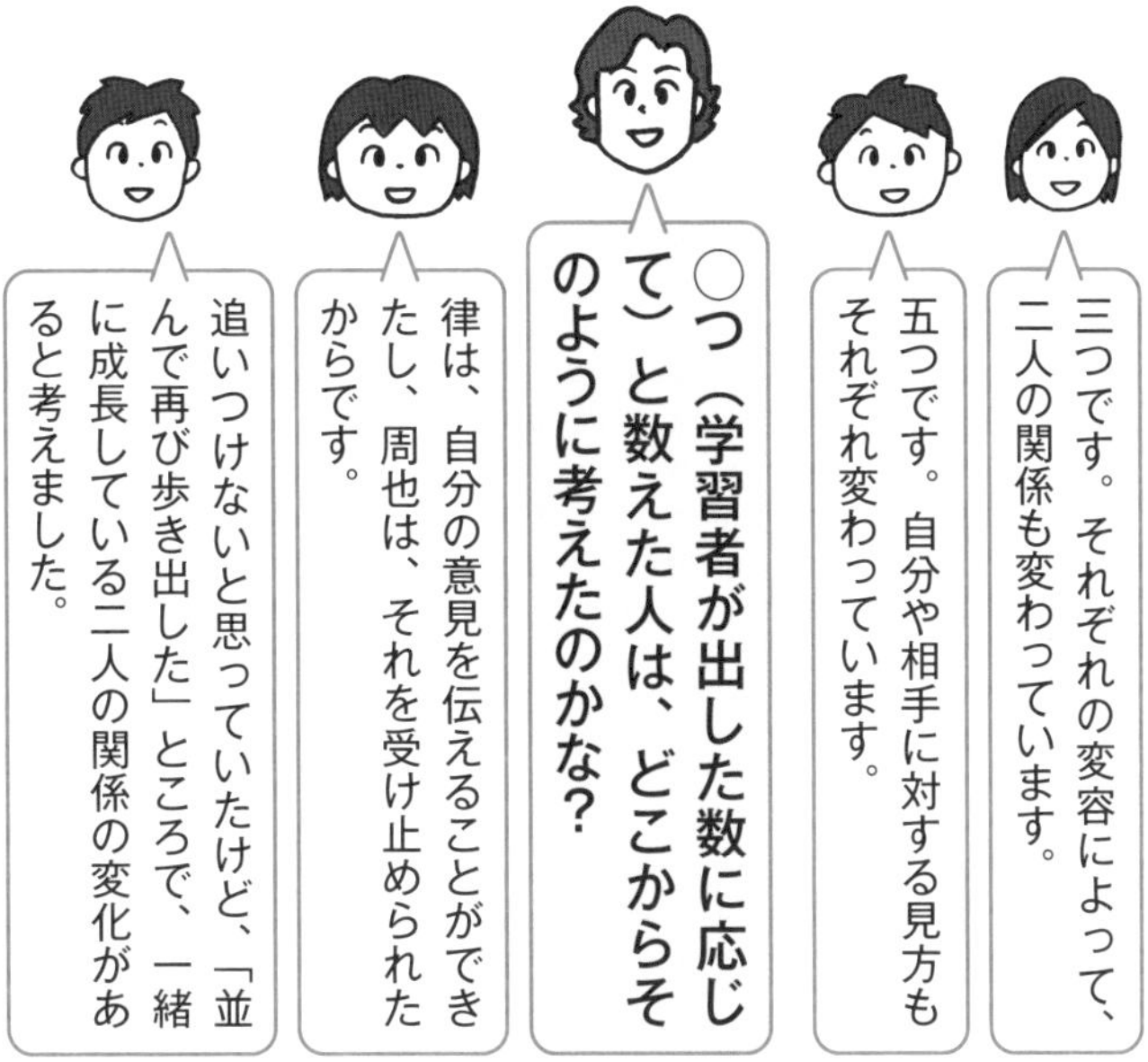
三つです。それぞれの変容によって、二人の関係も変わっています。
五つです。自分や相手に対する見方もそれぞれ変わっています。
○つ（学習者が出した数に応じて）と数えた人は、どこからそのように考えたのかな？
律は、自分の意見を伝えることができたし、周也は、それを受け止められたからです。
追いつけないと思っていたけど、「並んで再び歩き出した」ところで、一緒に成長している二人の関係の変化があると考えました。

から見えてきた自分への自信のなさや、相手への憧れや引け目と関連づけることで読み取ることができる。そのため、前時までの学びを掲示しておき、生かして考えられるようにする。二人の関係の変容については、結末場面で再び歩き出す際の主語が「ぼくたちは」となっていることや、「並んで」という叙述があることが、手掛かりの一つになると考えられる。このようにしてとらえた子どもの読みを叙述と関連させながら交流する中で、複数の変容をとらえられるようにしていく。

2 複数の変容を関連付ける

子どもが読み取る複数の変容は、物語の中で、独立して存在するものではなく、関連しながら起こっているものである。天気雨をきっかけに、相手に対する見方を変えられたから自分の行動を変えることができたと考えられるし、自分の行動を変えられたから、自分に対する見方を変えることができたと考えることもできる。さらに、律と周也それぞれの成長によって、二人の関係も変容している。自分と違う数え方をした友達は、どのように読んだのかを考えることで、同じ叙述から違った変容を読み取ることもできることに気づかせ、複数の変容が関連づいていることをとらえさせたい。また、子

板書計画

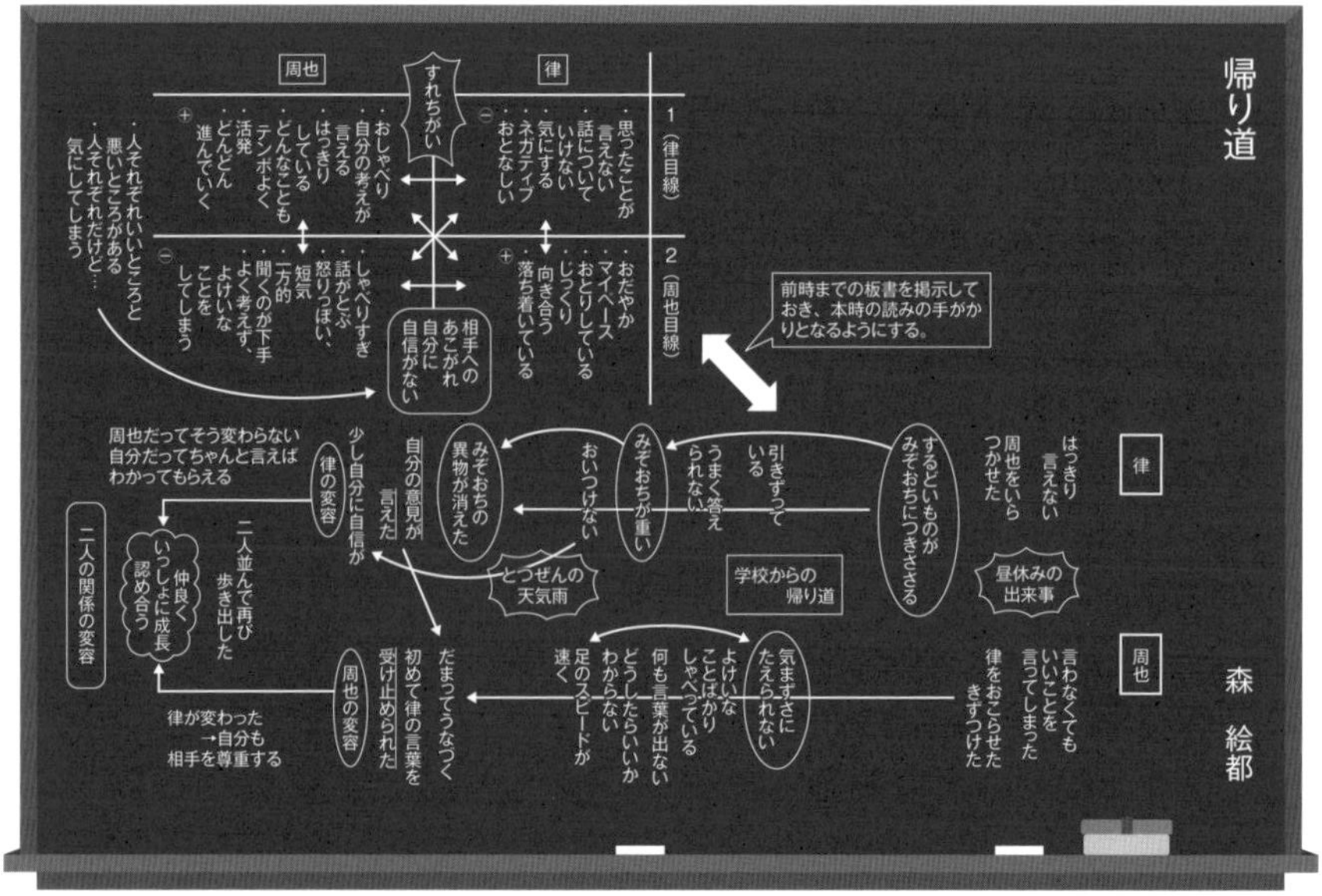

どもの考えを板書する際に、関連が視覚化できるようにする。

3 ふり返りで自分の読みを整理する

授業のふり返りとして、「律と周也にとって、この日の帰り道は、どのような意味があったのか」について、自分なりの考えを書かせることで、本時でとらえた変容をもとに、自分の読みを整理させたい。

【子どものふり返り】
律も周也も少し自分を変えることができ、それによって、相手と並んで成長していける関係になった。

板書のポイント

律と周也で、視点人物は違っているが、すべての変容は、同じ時間軸の中で起こっている。そのことが意識できるよう、真ん中に、ポイントとなる主な出来事を位置付け、その上下に律と周也それぞれの行動や心情の変化を板書していくことで、二人が同じ出来事を共有しながら変容していることが、見えるようにする。そして、自分の中の変容、相手との関係の変容を、矢印等を用いて関連づけながら整理していく。

□アウトプットの活動

子どもが、物語から読み取ってきた登場人物の人物像や話の展開、作品の魅力などを統合し、自分なりの読みを表現するための活動として、本単元では、次のような二つのアウトプット活動を紹介する。

（1）天気雨が過ぎ去った後の最後の場面を、三人称視点でリライト

物語の語り手となって、律と周也の様子を描いていく。描き方の要素としては、二人の行動や台詞、表情や仕草、情景などが考えられる。これまでの読みを踏まえ、ふさわしいエンディングになっているか、また、作品の魅力を効果的に伝えることができているかといったことがポイントとなる。解釈に関係なく、「書くこと」に課題がある子どもは、劇化して表現することも考えられる。

（2）翌日の昼休憩の場面を、二人の様子を中心に創作

こちらの活動も、これまでの読みを踏まえ、律と周也の人物像や話の展開にふさわしい翌日の二人の様子を描いていく。描く際の視点については、律視点、周也視点、三人称視点の中から、自分で選択させてよい。

【（1）の活動における子どもの作品例】

笑いの大波が引いた二人、数秒置いて
律が小さくつぶやいた。
「ぼく、晴れが好きだけど、たまには、雨も
好きだ。」
周也がおどろいたように顔を上げ
律の方を向いた。
「ほんとに、両方、好きなんだ。」
律も顔を上げると二人の目が合った。
律の目には信念がこもっていた。つら
れるように周也はこくんとうなずいた。
周也にしてはめずらしく言葉がない。と、
さに言葉に出来なかったのだろう。律
は、それを察したが、分かってもらえた気が
して、晴れのような笑顔にもどった。
「行こっか。」
「うん。」
周也がうなずき、二人はまた歩き出
した。小さな水たまりを飛びこえていく。
トンネルに軽快な足音をひびかせなが
ら。

【指導者としての見取り】
・変容を表すために重要だと考えられる叙述を、二つの文章から精選したり、「律の目には信念がこもっていた。」のように自分で付け足したりして表現している。
・「小さな水たまりを飛びこえていく。」は、二人の成長を暗示できるように、表現が工夫されている。

■「メディアと人間社会」「大切な人と深くつながるために」（光村図書6年）

学習したフレームを使いながら二つの文章を比較して読み、自分の考え方や生き方につなげる授業

この教材のフレームリーディング

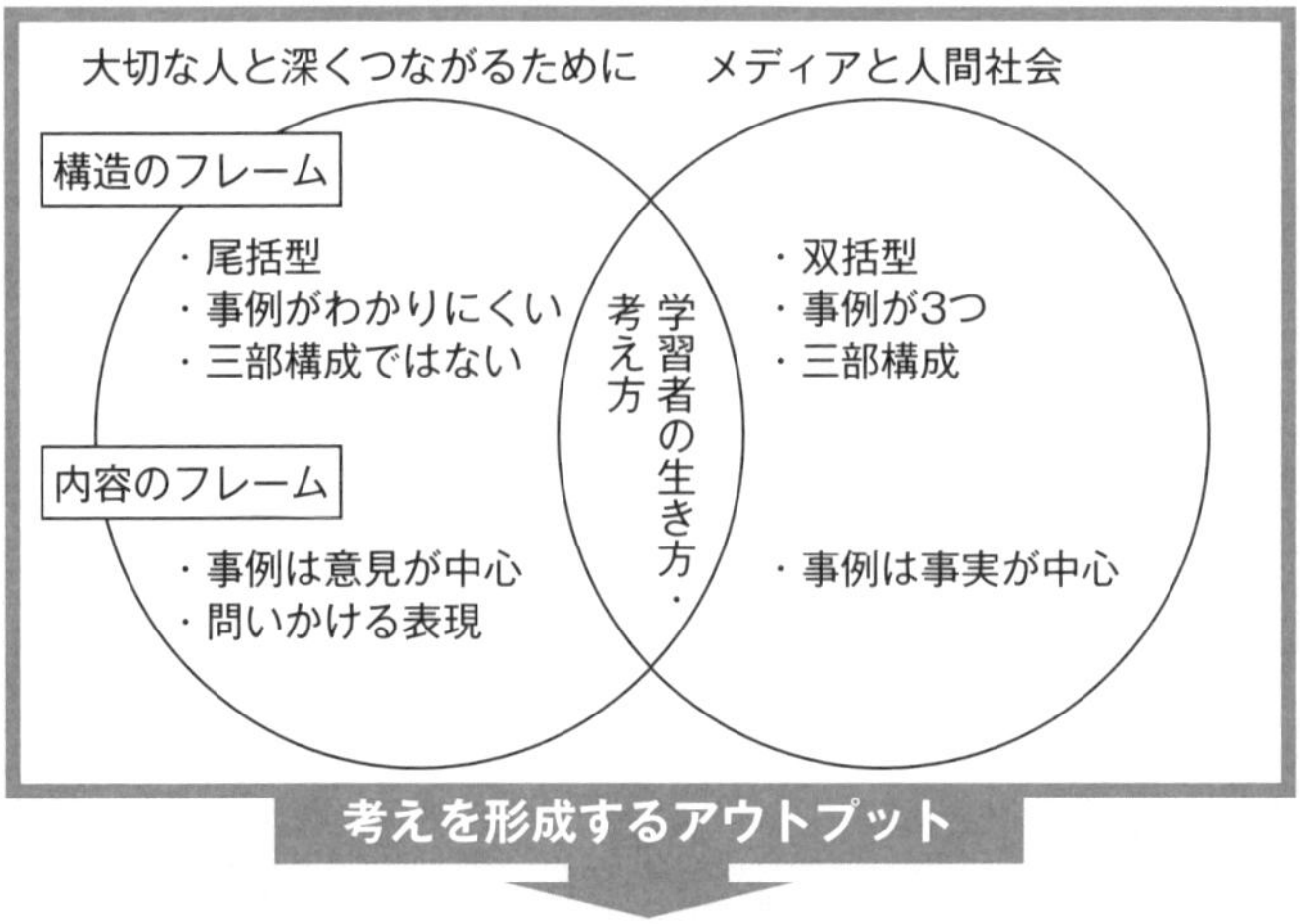
大切な人と深くつながるために
メディアと人間社会
構造のフレーム
・尾括型
・事例がわかりにくい
・三部構成ではない
内容のフレーム
・事例は意見が中心
・問いかける表現
学習者の生き方・考え方
・双括型
・事例が3つ
・三部構成
・事例は事実が中心
考えを形成するアウトプット

・考えたことを生かして、未来の自分にメッセージを書くタイムカプセルレター

教材研究のポイントと身につけたい資質・能力

1　自分の考え方や生き方につなげる

本学習材は、二つの文章が並べて述べられているという特徴がある。子どもは、今までの読みの力を生かして二つの文章を比較しながら読み進めていく。未知の人間関係を築いていく中学進学を目の前にして、自分の考え方や生き方を見つめ直すのに適している学習材である。

二つの文章は、「付き合い方」という共通点があり、自分が人やメディアとどう付き合えばよいのかを改めて考えさせられる題材である。また、メディアの発達により、人とのコミュニケーションが希薄になっているととらえると、二つの文章につながりが見えてくる。「今の自分はどうかな」「どんなことが生かせそうかな」と、子ども自身の考え方や生き方に結びつける思考を大切にしたい。

2 文の構成や論の展開で比較する

二つの文章を、読みの観点をもとに相違点や共通点を考えながら読み進めていきたい。

『メディアと人間社会』は、双括型の説明文であり、①と⑩段落には、人間の欲求がメディアを発達させてきたことが抽象的に書かれており、それに対する具体が、②～⑤段落に「文字」「ラジオ放送」「テレビ放送」「インターネット」の順で記述されている。それぞれの段落の頭にメディアの具体が記され、そのあと、「～たい」という表現で人間の欲求が述べられている。

一方で、『大切な人と深くつながるために』は、尾括型の文章である。①段落で「遊びの相談」を話題として、①～③段落でコミュニケーションが得意ということの定義づけをしている。それから、④⑤段落で、コミュニケーションの技術を上げることの意義と「スポーツ」と比較した技術の上げ方を述べ、⑥段落では、大人のコミュニケーションにおける課題を記している。これらを受けて、⑦段落では、読者が自身をふり返り、コミュニケーションの取り方を考えていけるように促している。読者に話しかけるような表現や、子どもが想定しやすい例を挙げて説明しており、身近に感じる文章である。しかし、段落ごとに少しずつ内容が変わっており、段落相互の関係やつながりが見えにくい。

3 筆者の考えを比較する

『メディア～』は、⑩段落の主張の部分に、人間の欲求と、メディアに求めることを意識してメディアと付き合う重要性が述べられているが、付き合い方の具体はない。今後発達するであろう新しいメディアとの付き合い方を読者にゆだねているのである。子どもは、自身がメディアに求めていることを整理し、うまく付き合う方法や自分の生活に生かす方法を考えることになる。

『大切な人～』にある、コミュニケーションが得意とは、「誰とでも仲良くなれる」と思いがちだが、筆者はそれを否定している。周りの友達に同調して、自分の考えを主張することを敬遠しがちな高学年の子どもたちにとって、相手ともめてしまってもよいという筆者の主張は、子どもが自らの経験と重ねて、未来の自分について考えていくきっかけをもつものになるだろう。

□フレームリーディングのための発問と単元構想

STEP1

既習のフレームを使って好きな文章を選ぶ

【構造と内容の把握】

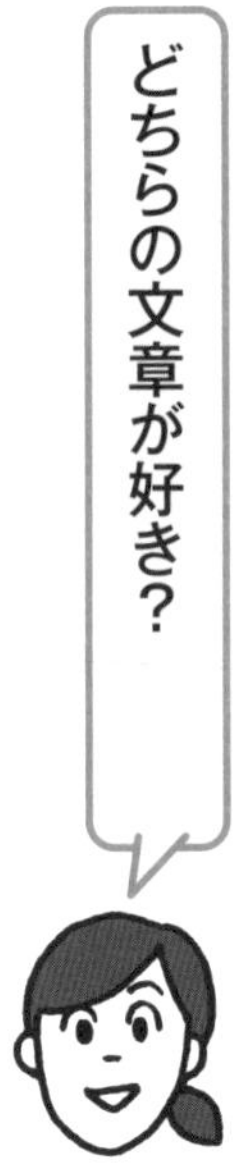

STEP2

わかりやすい構成を選ぶ

【構造と内容の把握 → 精査・解釈】

【第1時】（本時）

好きな文章を選び、その理由を考えることで、子どもそれぞれの読みのフレームを取り出させる。文章との出会いの場面だからこそ、これまで積み上げてきた子ども自身の目のつけどころを表出させたい。好きな理由としては、構成・事例・表現技法・主張などが出てくるため、それをグルーピングして着眼点として整理する。ステップ2からは、感覚でとらえた文章の違いを、着眼点ごとに、より論理的に整理して解き明かすことを課題とし、好みを生み出す要因を探るために着眼点ごとに読み進めるという学習計画を立てる。

【第2時】

まず、二つの文章の構成に着目して比較する。『メディア～』は、双括型で、事例がメディアの発達の順に並んでいること、また文字・通信・インターネットの三つに分けられることをとらえさせたい。『大切な人～』は、尾括型で、段落相互の関係がつかみにくい。比較することで、文章の構成が

どちらの構成がわかりやすい？

わかりやすい事例を選ぶ【精査・解釈】

どちらの事例がわかりやすい？

STEP 3

主張に対する自分の考えをもつ【考えの形成・共有】

どちらの主張に納得する？

「好き」と感じる要因の一つであることが見えてくる。

【第3時】

『大切な人～』の方が共感しやすいと感じる子どもは多い。そこで、共感しやすい事例の挙げ方に着目し、どちらの事例がわかりやすいかを思考させたい。『大切な人～』は、「遊び」など身近な事例を挙げ、また、問いかけなどの表現の特徴もある。『メディア～』には、事実にもとづいた事例が挙げられ、メディアのよさや課題が書いてあり、主張との関連も理解しやすい。事例がわかりやすい内容であること、主張と根拠の関係がとらえやすいことが「好き」と感じる要因の一つであることがつかめる。

【第4時】

どちらの主張に納得するかを聞くことで、筆者の伝えたいことに共感したり、批判したりしながら、主張に対する自分の考えをもつ。その際、自分はメディアや人とうまく付き合えているかと考えさせ、自分の考えや生き方につなげる。

□フレームリーディングでつくる1時間の授業［第1時］

どちらの文章が好き？
『メディアと人間社会』です。文章構成がわかりやすくて、メディアがどう発展したかが、歴史の流れに沿って具体的に書いてあるからです。
『メディアと人間社会』です。それぞれのメディアのよさや課題が書いてあるからです。
『大切な人と深くつながるために』です。問いかける文章があって読みやすいからです。

本時のねらい

これまで獲得してきた読みのフレームを使って、二つの文章を比べながら文章の構成や要旨の大体をつかむ。

指導のポイント

1 二つの文章が並んでいる意味を考える

今までにでてきた学習材とは違い、二つの文章が並んでいるため、二つの文章を比べながら読み進めることの大切さを確認したい。そこで、題名を読んで、「なぜ二つの文章がならんでいるのだろう」と問い、「二つの文章がつながっているのかも」「『社会』と『人』とあるから対比関係にあるのかも」などと予想をさせた上で、文章を読ませる。

2 出てきた意見を観点ごとに整理する

自分の考えをノートに書いた後、交流する。主な理由は、①構成のわかりやすさ、②事例のわかりやすさ、③表現の工夫、④主張への共感などが出てくるであろう。そこで、出てきた意見をグルーピングしながら観点を整理し、学習してき

『大切な人と深くつながるために』です。人との関わり方が書いてあって、自分だったら…と想像しながら読めたからです。

二つの文章の似ているところは？

両方とも、インターネットが広まっている今の社会の様子について書いてある部分があります。

メディアを介すか直接かの違いはあるけれど、両方とも、自分の考えの伝え方について書いてあると思う。これからの社会をどう生きるか考えてほしいのではないかな。

【『大切な人』を選んだ子どものふり返り】
『メディア』は、文章構成がわかりやすい。事例も時代順で、過去から現在そして課題という書き方で、理解しやすい構成になっているから選んだ人がいるのではないかと考えた。

たフレームを使って思考できていることを価値づける。また、人によって、「好き」と感じる読みの観点が違うことに気づかせ、その観点ごとに二つの文章の特徴を明らかにしていこうという読みの課題をもつ。

3 共通点を考える

比較する過程で、共通点に気づく子どももいる。そこで、似ていることを問い、改めて文章を読ませたい。すると、二人の筆者の考えの共通している部分や、『メディア』が発達したがゆえに、『大切な人』との付き合い方を考えなければならなくなっているなどのように、二つの文章のつながりに気づいてくる。この二人の考えのつながりも、次時以降の詳細な読みを通して、さらに読み深めていきたいことを確認する。

4 ふり返りで学びを確かなものにする

好きかどうかを聞くと、自分の好きな文章ばかりに目がいきやすい。そこで、ふり返りとして、「自分が選ばなかった方を、なぜ友達は選んだのだろう」と問い、友達と交流したことで学んだ読みを加筆させ、学びを確かなものにする。

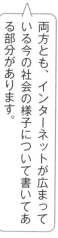

板書計画

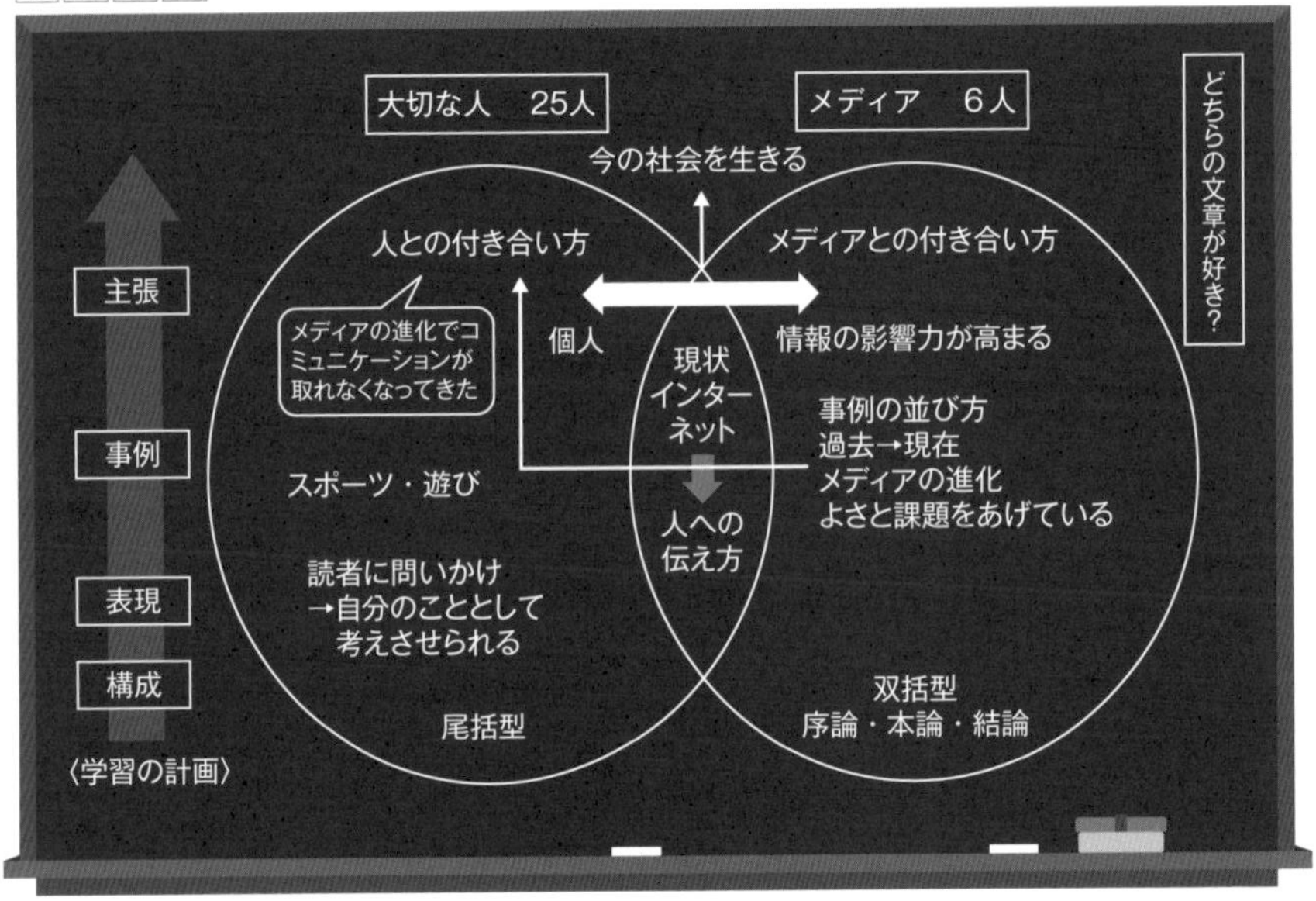
どちらの文章が好き？
大切な人　25人
メディア　6人
今の社会を生きる
人との付き合い方
メディアとの付き合い方
主張
メディアの進化でコミュニケーションが取れなくなってきた
個人
現状
インターネット
情報の影響力が高まる
事例
事例の並び方
過去→現在
メディアの進化
よさと課題をあげている
スポーツ・遊び
人への伝え方
表現
読者に問いかけ
→自分のこととして
考えさせられる
構成
双括型
序論・本論・結論
尾括型
〈学習の計画〉

板書のポイント

1　思考ツール（ベン図）を使って比較する

どちらかの文章が好きな理由を子どもが発言する際に、教師はベン図を意識し、意図的に配置を工夫して板書する。意見がある程度出たところで、ベン図の円を書くことで、共通点や相違点を視覚的に理解しやすくする。矢印を書き込むことで、題材が社会に関わることと個人に関わることというように対比関係にあることや、メディアの発達により、よりコミュニケーションが必要になっているなどのように、二つの文章を関連させて解釈することもできることに気づかせたい。また、このベン図を毎時間活用し、新たな気付きや学びがあるたびに書き込むことで、読みの深まりがとらえやすくなる。

2　三つの観点で書く位置を変える

集団で話し合うときに、出た意見を、下から「構造と内容の把握」に関わる文章構成、真ん中に「精査・解釈」に関する事例や表現について、一番上に「考えの形成」に関わってくる主張について、という配置で板書する。こうすることで、学習過程が一目で捉えられ、学習者自身も学びをメタ認知できる。

□アウトプットの活動

二つの文章を比較して理解したことや考えたことを、自分はどう生かすかという視点で考えをまとめられる活動を仕組みたい。そこで、未来の自分へメッセージを送るアウトプットの活動を設定する。小学校を卒業した後のメディアとの付き合い方や、新たな出会いを想像し、さらに今の自分と比べながら、生き方につなげたいことを具体的に書くことをねらいとしている。

ここでは、次のようなアウトプット活動を紹介する。

実践例　タイムカプセルレターを書こう

もし、タイムカプセルに入れて中学生の自分に手紙を届けるとしたら何を書くかを考えた。その際、気をつけることとして、①文章を読んで学んだ事や考えた事を書く。②未来の自分へメッセージを送るつもりで書く。という二点を子どもと確認し、活動を進めた。

A児は、メディアの具体としてSNSを挙げ、自分がメディアに求めていることを自覚し、なんとなく見ないようにしたいと、池上さんの主張を自分の生活と重ねている。また、二人の主張をもとに、メディアとも人ともバランスよく付き合いたいと、主張を比較したからこそ考えることができた学びを書いている。

このように、子どもが考えた事を素直に言葉にさせ、よりよい未来を生きようとする自覚をもたせたい。

【A児の作品】

未来の自分へ

6年生の授業でやった池上さんと鴻上さんの考えを読んだのを覚えていますか？未来の私は、「中学校」という新しいところで友だちをたくさんつくって、メディアと上手く付き合っていくことができていますか？私は、この学習で、メディアと上手く付き合うには、何を求めているかを考えること、友だちとケンカをした時は、コミュニケーションの練習をしていると思うことが大切だと学びました。

私が未来の自分に覚えておいてほしいことは、SNSにふりまわされずに、自分を取りみだしてしまわないこと中学校に入って知っている人は少ない中、コミュニケーションをいろんな人として、友だちをたくさんつくることです。気づいたら、SNSを見ている、なんとなく見てしまうのではなく、自分が知りたいことや求めていることを大切にし、いろんな人と会話をして、友だちをたくさんつくってください。友だちがいると、中学校生活、とても楽しくなると思います。たとえ、ケンカをしてしまったとしても、コミュニケーションの練習だと思って、あきらめずに仲直りしてください。

私は今、2人の文章を読んで、人とのコミュニケーションと、SNSと付き合っていくことの2つのバランスを大切にしようと思います。SNSと上手く付き合うのも大切だし、人とコミュニケーションをして仲を深めることも大切です。だからバランスをくずさないように大切にしようと思います。

III 実践

――青木伸生のフレームリーディングの国語授業

「伝える」と「受け取る」を考えよう

この単元のフレームリーディング

『言葉と事実』の段落構成図を生かして、『言葉の意味が分かること』を読む。

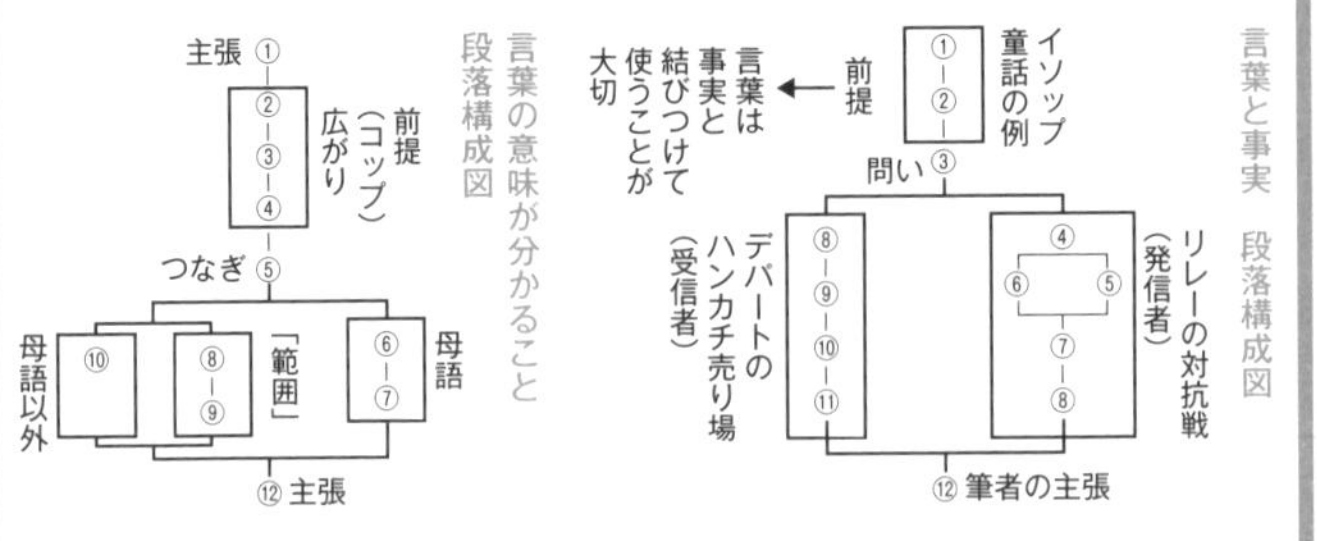
言葉と事実　段落構成図
イソップ童話の例
①—②
前提
言葉は事実と結びつけて使うことが大切
問い ③
リレーの対抗戦（発信者）
④ ⑥ ⑤ ⑦ ⑧
デパートのハンカチ売り場（受信者）
⑧—⑨—⑩—⑪
⑫ 筆者の主張
言葉の意味が分かること　段落構成図
主張 ①
前提（コップ）広がり
②—③—④
つなぎ ⑤
母語
⑥—⑦
「範囲」
⑧—⑨
母語以外
⑩
⑫ 主張

〈活用するフレーム〉段落の役割

〈考えを形成するアウトプット〉

◆目のつけどころに応じてグループをつくる。各グループの考えを共有し、自分の読みを深める。→日常の言葉の生活を意識してふり返る

教材研究のポイントと身につけたい資質・能力

1　言葉をテーマにした説明文を重ねて読む

本単元は、四年生から行っている「言葉」シリーズの中盤に位置づく。四年生のときには、『アップとルーズで伝える』（光村図書四年）と、『想像力のスイッチを入れよう』（光村図書五年）の学習材を使って、情報を「発信する」と「受信する」ときに注意すべき点について学んだ。これを受けて、五年生の本単元は、「言葉で伝える」ことと「言葉を受け取る」ことについてさらに深めたいと考えて実践した。

言葉そのものを学びの対象とする国語科の授業では、言葉をどのようにとらえるか、言葉を介して自分とどのように関わるか、言葉を通して他者とどのようにつながるか、などを学んでいく。特に、高学年になると、言葉を通しての他者とのぶつかり合いやトラブルも増えてく

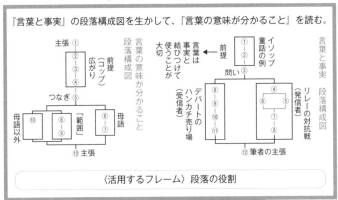

る。言葉の使い方を意識するだけで、他者との関わり方は大きく変わるはずである。そのような背景も視野に入れながらの実践である。

2 学習材の特長

(1)『言葉と事実』(教育出版五年)

この説明文には、三つの具体的な事例が紹介されている。

①イソップ物語に出てくるうそつき少年の話
②学級対抗リレーの結果をクラスごとに新聞に書いた話
③デパートのハンカチ売り場に掲示されたポスターの話

注意すべき点は、三つの事例の役割である。一つめのうそつき少年の話は、「言葉は、事実と結びつけて使うことが大切です」というように、言葉と事実の結びつきの前提となっている。その後に、二つの事例が並列で書かれている。一つは、事実に基づいて言葉で発信するとき、もう一つは、同じ事実なのに、使われる言葉が異なると、受け取る側の印象が異なるという、受信者の立場における注意すべき点。この事例をもとに、言葉の発信・受信の時に心に留めておくべきことが書かれている。

(2)『言葉の意味が分かること』(光村図書五年)

この説明文には、四つの事例が示されている。

①コップの意味を小さい子に教える
②「歯でくちびるをふんじゃった」
③「朝食にスープを食べました」
④「もつ」「かかえる」「せおう」など

この四つの事例の役割やつながりをとらえることが、「言葉の意味を面としてとらえる」ことにつながる。

3 課題別グループによる追究活動

本単元では、子どもが、筆者の主張をとらえるために、目のつけどころを学習課題として自分たちで設定し、その目のつけどころに応じてグループをつくって読み深めていく学習形態をとった。グループごとの課題は異なっても、最終的に目指すところは「言葉を面としてとらえる」とは、どういうことなのかを、具体的にイメージできることである。子どもたちは、今までの学びの蓄積を生かしつつ追究活動を進めていく。グループで話し合ったことはクラス全員と交流し、新たな読み方のフレームを身につけていくことになる。

□フレームリーディングのための発問と単元構想

STEP1

共通学習材を読み、段落相互のつながりから筆者の主張をとらえる【構造と内容の把握】

『言葉と事実』に事例はいくつ書かれている？

『言葉と事実』の段落構成図をつくろう

STEP2

課題別に分かれて、グループごとに考えを交流する【精査・解釈／考えの形成】

「言葉の意味が分かる」とはどういうこと？

［第1時］

『言葉と事実』を共通学習材として、全員で読み進めた。特に、事例の数と役割については、読み始めの段階から意見が分かれたので、そこを切り口にして段落相互のつながりを構成図で示しながら、筆者の主張をとらえる学習につなげていった。

［第2～5時］

「『言葉の意味が分かること』を読み、『言葉の意味は面である』とはどういうことなのかを明らかにしよう」「自分の理解を仲間に伝えよう」という課題意識をもって読み進めた。特に、今までに学んだ目のつけどころをもとに、課題別にグループをつくって活動した。

段落構成図のグループは、はじめは四つの事例を並列に並べて構成図を作成した。その後、小見出しのグループと交流

◆課題別に分かれて読み解いていこう
・段落構成図をつくる
・各段落を小見出しにまとめる
・キーワードを見つける
・要旨をまとめる

STEP3

学習成果の交流と振り返り【考えの形成／共有】

各グループの学習成果を交流して、自分の読みをつくろう

「言葉の意味は面である」を、分かりやすく説明しよう

し、コップは、言葉の広がりの例として他の事例と分けるなど、構成図を更新していった。

【第6・7時】（本時）

グループ活動の成果を、クラス全体で共有して、理解を深めた。その上で、自分の考える「言葉の意味は面である」についての考えを説明できるように整理した。

まずは、クラス全体で文章の内容をとらえた。事例が全部で四つ紹介されているが、キーワードのグループが発表した「広がり」と「範囲」に目をつけて事例をとらえ直した。その結果、「言葉の広がり」についての事例と、「言葉の範囲」についての事例の二種類に整理できるということがわかった。その上で、段落構成図のグループ、小見出しのグループが発表し、文章構成と内容の全体像をまとめた。

最後の「要旨」のグループの発表を聞いて、子どもたちからは「それは要約では？」という疑問が出た。要旨と要約の違いを確かめるよい機会となった。

□フレームリーディングでつくる一時間の授業【第6・7時】

1　事例を数える

事例は何種類紹介されているのかな？

四種類です。

ばらばらに数えたら四種類だけど。

二種類とも数えられる。

キーワードをもとに考えたら二種類になる。

2　事例のつながりをとらえる

では、段落構成図はどうなるかな？

キーワードの「広がり」と「はんい」に分けて考えるとこうなるかな。（109ページ板書A・B）

本時のねらい

グループごとに活動してきたものを、クラス全体で確かめる段階の一時間である。本時は、事例のつながりと役割を、段落構成図をもとに確かめていく学習である。キーワードのグループと構成図のグループを重ね合わせ、さらに、以前に読んだ『言葉と事実』で学んだことを生かして考えると、段落の役割が見えてくる。

指導のポイント

1　段落のつながりを可視化する

言葉の意味の「広がり」と「範囲」の話は、具体的な事例の内容は理解できても、その事例、その段落の役割はなかなか見えてこない。そこで、段落構成図で示すことにより、段落相互のつながりや、段落の役割を可視化することで、筆者の論の展開をより明確にする。

まず、言葉の意味には「広がり」があることを、コップを小さい子に説明するという事例をもとに論じている。これが

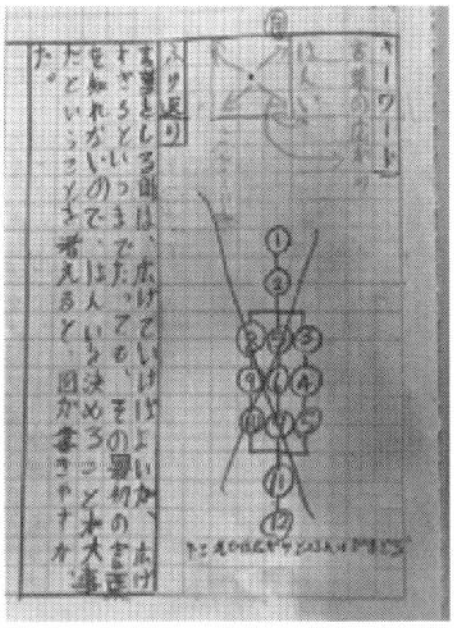

『言葉と事実』の説明文を使ったら？
（109ページ板書C）

「前提」である。「広がり」に際限がなくなると他の人との伝え合いに使えなくなるため、「範囲」が必要になる。「くちびる」「スープ」「もつ・せおう」といった事例は、言葉の「範囲」に関する事例ということになる。こうした段落のつながりを可視化することで、文章の流れや筆者の意図をより明確にすることができる。

2 他のグループの考えと組み合わせる

グループごとの活動を組み込むと、お互い何について議論しているのかが見えなくなっていく。そこで、クラス全体の学習の場で、お互いのグループで学んだことを関連させることが必要になる。どのグループとどのグループを、どのような順序でつなぎ合わせていくかは、教師の考えどころである。

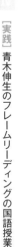

学習のまとめとふり返り

1 グループで話し合った内容をクラスに紹介する

各グループで話し合った内容は、クラスで共有した。子どもたちは、グループの話し合いで使ったホワイトボードや黒板を使いながら、意見や考えを整理していった。

ここで出された各グループの考えをもとに、子どもは自分のノートに書き込んでいた考えを軌道修正する。それまで考

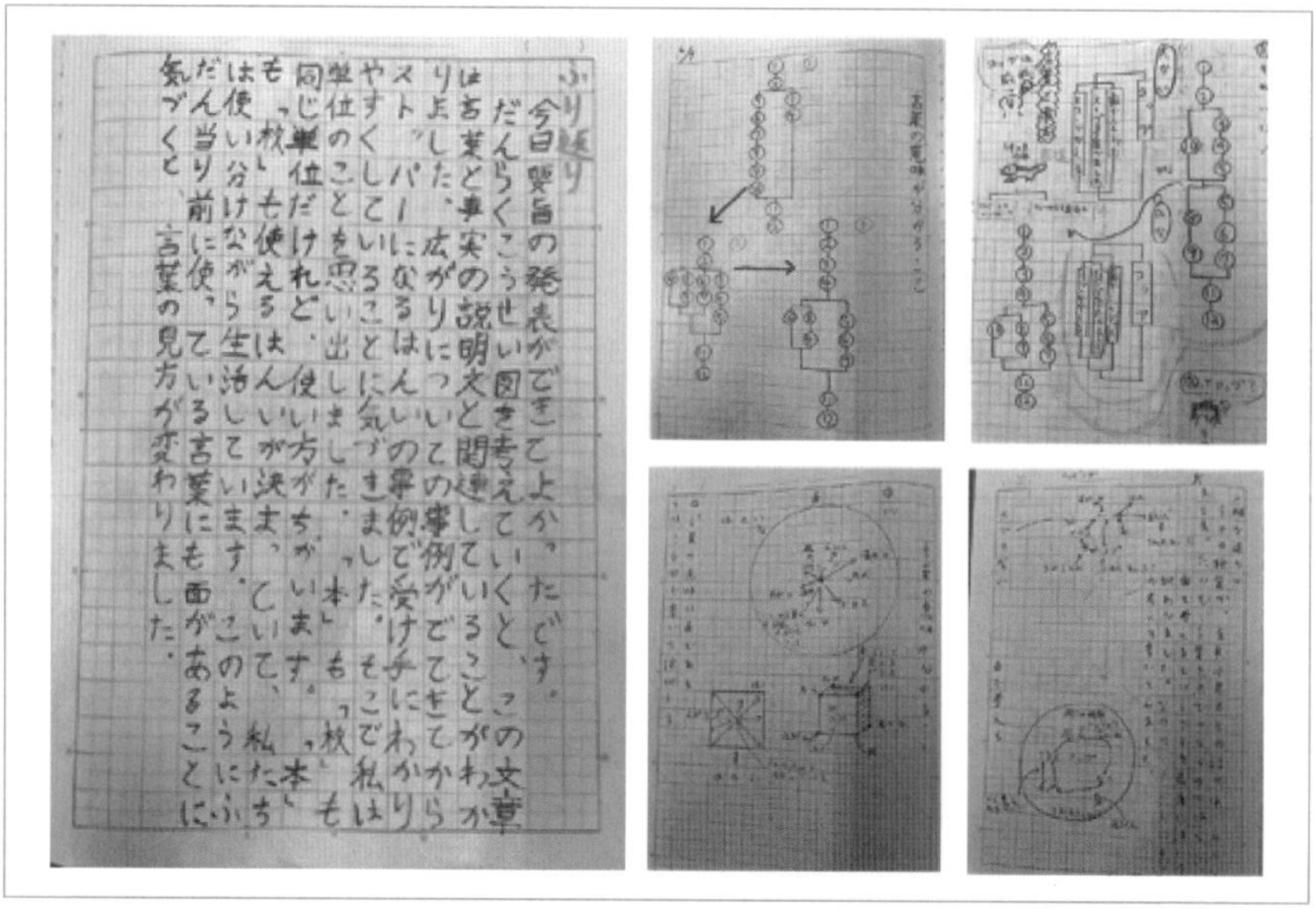

えていたものが違っていたと気づく子どもや、これでよかったのだと確かめられる子どもなど、様々な学びの共有の姿が見られた。

2　ノートに自分の考えをまとめる

学習のまとめとして、子どもは、各自で「言葉の意味は面である」とはどういうことかをノートに書き込んだ。表現の方法は自由であるが、自分の理解を、イラストなどで表した子どもが多かった。平面的に示す子や、サイコロのような、立体としてとらえた子などが見られた。言葉で表現されたものを、言葉以外の表現手段に置き換えて表してみることはとても大切なことである。

多くの子どもが言葉の意味の「広がり」と「範囲」というキーワードにもとづいて自分の考えをつくることができていた。

3　ノートをもとに学びをふり返る

グループ学習や、クラス全体での交流学習を通して、子どもたちは実に多くの学びを経験した。段落構成図のグループは、本単元中に、同じ文章について、二つも三つも構成図を書き表していた。こうした試行錯誤から、文章を読む力だけではなく、子どもの「学びに向かう力」も育っているのだと実感できる。

自分の身の回りの生活と関連させて、言葉を見直している

板書計画

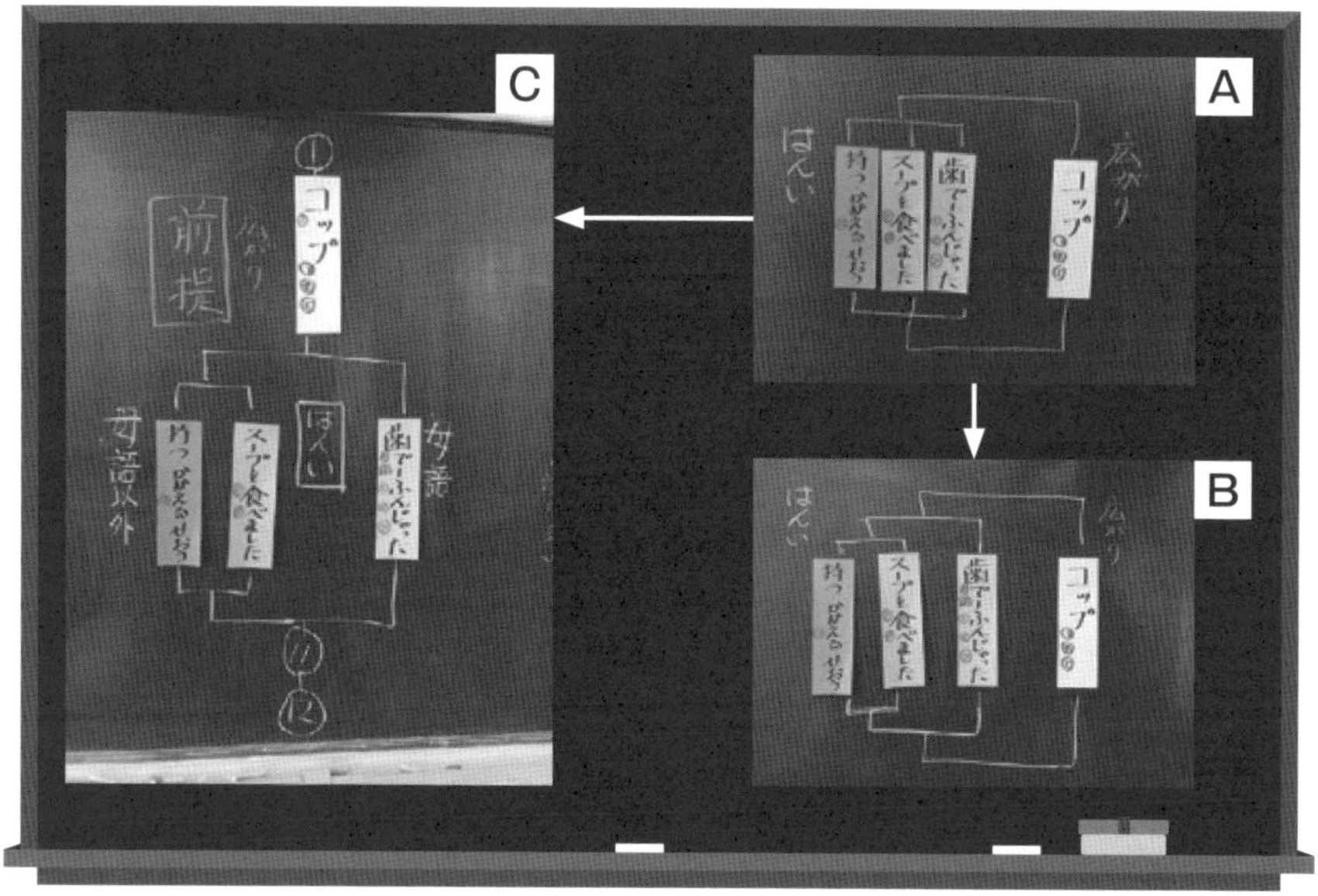

子どももいた。上に示した子どものふり返りは、単元の終末に書かれたものである。前に学んだ『言葉と事実』と関連させて、『言葉の意味が分かること』を読んだことが分かる。さらに、言葉の意味の広がりと範囲については、「本」や「枚」という助数詞に考えを広げていることも分かる。自分が学んだことを、言葉の生活の中に落とし込み、数を数えるときに使う助数詞と関連させて理解を深めている。実は、この助数詞の話は、五年生向けの学習材として他の国語教科書に掲載されている内容である。この子どもは、教科書ではなく、学校の図書室にあった、教科書掲載本文の原本となる本を読書していたことがわかった。

様々な場面で、本単元における子どもの育ちをみることができた。

板書のポイント

1　問題となっている段落だけを取り上げる

他の段落が入り込んでくると、問題点、考えるべき箇所がぼやけてしまう。

2　カードを使って、構成図を動かせるようにする。

板書してしまうと、段落の位置などが固定されてしまう。

実践例 学習課題別グループ活動

「『言葉の意味は面である』とはどういうことか」という問いをもとに筆者の主張をとらえるために、子どもは、文章を読み解くための自分の目のつけどころを決めた。同じ目のつけどころをもった子どもたちが集まってグループをつくる。そのグループごとに、目のつけどころに沿って、文章を読み解いていく。

『言葉と事実』の学習の影響もあり、段落構成図をつくって段落相互のつながりをとらえ、筆者の主張にたどりつこうと考えた子どもが一五名。グループを三つに分けて活動した。各段落の小見出しを考えて、筆者の主張にたどりつこうと考えた子どもが一〇名。二グループに分かれた。キーワードを見つけ、そこから切り込んでいこうと考えた子どもが二名。要旨をまとめるところから考えようとしている子どもが四名だった。全部で七つのグループに分かれて、それぞれの目のつけどころをもとに、自分の読み、解釈を掘り下げていくことになった。

各グループに分かれて相談を始める前に、まずは自分の考えをつくる時間を確保した。いきなりグループで活動をし始めると、他の人任せで、自分の精一杯の力を発揮しようとしない子どもも出てくる。まずは自分の考えをもたせ、その次にグループ活動の時間を設定した。各自が自分の考えをもつと、グループごとに集まったときに、すぐには話し合いが始まらない。各自が自分の考えを、まずはホワイトボードに書き込んでいく様子が見られた。それぞれの考えを、まずは表現したいという欲求が先にあるのだとよくわかる。その後で、グループごとにそれぞれの書き込みを見ながら、話し合いが始まっていく。そして、お互いの考えの共通点や相違点をはっきりさせながら、グループとしての考えをまとめていった。

Ⅳ 座談会
―フレームリーディングの課題と可能性

参加者（所属）―発言順

司会
青木伸生
（筑波大学附属小学校）

長岡康治
（広島県・尾道市立栗原北小学校）

村上翔大
（広島県・府中市立府中明郷学園）

水島知世
（広島県・福山市立神辺小学校）

木下恵介
（広島県・福山市立新涯小学校）

橋本智美
（広島県・福山市立川口小学校）

アドバイザー
桑田晶子
（「ことば」の教育研究会）

I　フレームリーディングの効果

青木　先生方は早い段階からフレームリーディングの考え方を取り入れて授業をされてきました。実際に授業をしてみて、子どもの姿などから感じている手応えをお話しいただければと思います。

長岡　三つあります。一つは昨年担任していた六年生が「サボテンの花」の授業の感想として「サボテンは何で居続けるのかやっぱり分からないけれども、サボテンは何か変わったんだよな」という感想を書いてくれました。フレームリーディングは「変容」というのが一つのキーワードだと思いますが、それが子どもの中に入ることで、**学習材に対する向き合い方、読み方が変わってくる**のを実感しました。

二点目は、先日桑田先生（※）が本校の四年生で「マンホールのふた」という説明文の授業をしてくださったのですが、その中で子どもに、「最後の段落は要るのか要らないのか」と揺さぶりをかけました。そのとき「要る」と答えた子どもが、その根拠に「だって、筆者が最も伝えたい主題があるから」と言ったのです。説明文なので「主題」ではないのですが、実は前週に、そのクラスの担任が物語の主題は何かと問うていました。四年生が、一生懸命国語の言葉（学習用語）を使おうとしてくれている姿を見たときに、**言葉の力の積み重ね**の大切さを感じました。

最後に、教師の中で生徒指導の研修があり、うちの生徒指導主任が膨大な資料の表紙と目次とその一部分を印刷してみんなに配ってくれたのです。目次が入っているのが面白いなと思いました。私たち教師も、フレームリーディングを実践してきて全体を見ることに慣れてきて、今年は研修の仕方にもその手法が生きていると感じました。

村上　六年前に赴任校で実践を始めたときは、国語科はどのように授業をしたらいいのやらというところから始まったので、今は、すごく手応えを感じています。初めは、物語文や説明文の学習で、主題はおろか登場人物は誰で、どんな役割があってとか、説明文なら具体的な事例の内容を理解するのに精一杯の子どもたちでした。そこから職員みんなで学習材と向き合って、まず我々がフレームを知り、それを発問にしてずっと投げ掛け続けて来ました。

その中で、手応えとしてはっきり感じたのは、**初読の感想が変わった**ところです。青木先生もされるように、初読の感想は箇条書きで書かせています。読みが深まるとか、みんなで議論すると面白そうな初読の感想を出せるような子どもたちが育ってきたように感じており、とても嬉しく思っています。

例えば「海の命」は、初読の段階から脇役である母の一文に着目して、母の思いが太一の生き方にどのような影響を与えたのかを考えたいという子どもがいました。「時計の時間と心の時間」でも、カギ括弧の付いている「時計の時間」という言葉に最初からこだわっている子どもが出てきて、六年生の子どもたちにそういう読む力が備わってきたのをすごく実感しました。

いろいろな初読の感想や疑問を出し合い、それらを整理して解決を続けていくと、僕が発問を投げ掛けなくても、子どもたちで、どんどん読みを深めるきっかけをつくっていく授業ができてきたと感じています。

授業研究の協議会では、指導案を読んで話し合っていたのをやめて、学習材の解釈や、子どもの実態に応じた発問研究をするようになり、先生方も前のめりになっていくようなところがありました。

青木　初読、初発の感想が変わっていくのは、子どもの中にフレームができていく、目のつけどころが生まれている証拠で、そこで自分なりの読みの構えができてきている姿の現れだと思います。

水島　今の村上先生のお話と似ているところもあるのですが、子どもたちから出てくる疑問や予想が変わってきているというのがまず一つあります。以前は、最初の段階では、細部に注目した疑問や自分の考えを述べる子どもたちが多かったのですが、フレームリーディングを実践していく中で、全体を見渡した疑問や自分なりの予想や考えをもてる子どもが増えてきたと考えています。

そのことによって、実際に読みを進めていくときにも、以前は細部の疑問であるとそこしか見えない子どもが多かったのですが、自分の疑問や予想を検証したり解決したりしていくときに、**全体に視野を広げて**いろいろな部分から証拠になるような叙述や言葉を見つけてくる子どもが増えたと感じています。

そして、「構造と内容の把握」もそうですし、細部を読んでいく段階においても、子どもたちが自分の読みを交流して出し合う中で、**各自の考えをつなげる**ことができるようになってきています。違うところから見つけてきたけれど、友達の発言を聞いて、自分が見つけたこともこういうことだとつなげて考えられたり、同じことに対する証拠になっていると、つなげて発言できるようになったりしました。

授業や単元の後半になると、子どもたちの中から「あ、全部つながってるじゃん」という発言が見られるようになってきたのは、フレームリーディングを通して全体を読んだり、伏線や証拠をつなげていったりした成果の現れかなと思います。

また、校内でもフレームリーディングの考え方を取り入れた実践を通して、先生方も細部ではなく全体に目を向けられるようになったことで、**子どもたちのつぶやきや発言を拾えるようになった**ところも、一つ成果としてあるかなと思っています。

それまでは、自分がその授業プランの中で想定していた言葉でないとなかなか拾えないところがありました。でも、先生たちも全体を俯瞰したりつなげて読んだりすることによって、子どもたちが予想と違うところから見付けてきたり、突拍子もないことを言ったりしてきたときにも、それはこうつながっているなと少し見えるようになり、**子どもたちの発言を大切に、その言葉からまた新たな展開へとつなげられる**ようになってきました。

青木　三点重要なお話があったかと思います。一つは全体を見渡した上で細部の疑問に子どもたちがこだわろうとしているというのは、まさに学習指導要領の「構造と内容の把握」から「精査・解釈」へという流れです。さらに両者が行ったり来たりする読みのプロセスがフレームリーディングでつくられていることがとてもよくわかりました。

二つ目は、子どもの発見がそれぞれバラバラのようでいて最終的につながっていくことを子ども自身が自覚していくというのは、学習指導要領の「考えの形成と共有」が子ども同士の頭の中でされているということになります。頭の中で子どもたちの思考がまさに共有されていく、つながっていくのが素晴らしいと思います。

三つ目は、今までの授業では、この段落について深く読ませたいとか、この場面の人物の気持ちを突っ込んで考えさせたいなど、教師自身の視野が狭くなっていたと思います。フレームリーディングによって、先生方の教材研究自体に全体を見渡して教材を読むことが浸透してくると、子どものつぶやきの聞き取り方が変わっていく。それがこれからの子ども起点の授業づくりにもつながっていくのではないかということです。

木下　僕も先ほどの先生方と同感で、やはり初発の感想が子どもの中で変わってきたのをすごく感じました。これまでは、何々がよかったとか、この人物が優しいなと思ったとか、**読者目線的なものが中心**でしたが、このお話の中心人物が最初はこうだったけれどもこう変わったとか、山場に注目をするとか、**変容や読み深めていく上での大切なポイントに注目して感想をもつ**子どもがすごく多くなったと感じました。その後の問いや課題づくりも、指導者起点だったものから学習者、**子どもたちが起点になって、自分たちで「問い」をつくる**ような展開に大きく変わってきたと感じています。

そうなってくると、**教師の仕事は、子どもたちからいろいろ出てくる「問い」の交通整理**に徹することになります。自分の中では、どこから読み深めていくかとか、どの問いから扱っていくかを子どもと相談しながら決定する展開ができるようになってきたと思います。

フレームリーディングの実践を重ねてきてよかったと思うのは、国語は算数などの他教科に比べて積み上げや、できるできないが見えにくい部分があるのではないかとずっと思っていたのですが、フレームリーディングによって、目のつけどころを獲得していくことで、前の学びを生かすような視点が子どもたちの中に育ってきたのかなと思います。

実際に実践した中でも、文章を一読しただけで、「これって前にやった」「双括型の文章だ」「二段落と五段落に筆者の主張があるよ」「前の学習でも最後のところに筆者の主張があったよね」など、子どもの中から自然にそういった言葉が出てきて、子どもの中に学んだことが使える実感がしっかりもてたことが大きかったと思います。

新たな文章を読んでいくときには、これまで積み上げてきたものからまた一歩新しいフレームを獲得する場面があります。今回の自分の実践では、対比という新しいフレームを学ぶ場面がありました。子どもたちは、これは今まで学んできたフレームのどれに当たるのだろうと考えます。当てはまらないものがあったときにまた新しい発見があって、そこでまた子どもたちが一歩成長できるのを実感することができました。

あとは、実践化される中で、授業を同僚にもたくさん見てもらい、またこちらも見に行くことが多かったのですが、授業の前後の話し合いで、**教師自身もフレームを獲得していっている**と思う場面が多くありました。

青木　フレームリーディングで目のつけどころを増やしていくことは、まさに学びの積み上げというか、学びの蓄積ですね。今までは、作品それぞれが個別に点として存在していました。それが、フレームリーディングで目のつけどころをもたせることによって、複数の作品がつながっていく。共通の目のつけどころで子ども同士もつながっていくことが実感できます。

さらに学年をつないで、四年で学んだことが五年の『大造じいさんとガン』にもつながるとか、それがさらに『海の命』につながるとか、そういう学びの蓄積ができていることがとても大切です。

もう一つは、教師に目のつけどころがもてていくと、共通の土俵で教材研究ができるので、あまりベテラン先生の名人芸みたいなところに行かずに、みんなで同じ話題、同じ言葉を使いながら教材研究ができるのが大きなところかなと思いました。

Ⅱ　フレームリーディングの課題

青木　フレームリーディングをしてきて、疑問に思っているところとか、困ったことなどがあったら教えてください。

橋本　先ほどから出ているように、子どもがフレームを自覚しているので、この教材ではこういう切り口で読んだらいいかもとチャレンジしながら学び方を学んでくれているので、**子どもが出す疑問の質が高くなってきて、その分、教師がどこで発問をするかがすごく難しくなっている**と感じています。

子どもは疑問をもったところが面白くてそこから読

むので、全体から細部を読んでいる子どももいれば、細部からスタートして全体に行く子どももいます。そうすると、教師が最初は全体、次は細部という構想を練っていると、その発問が出しにくい。教師が考えている発問を子どもが疑問としてもっていて、子どもと一緒に解決していくことを目指すとなると、先生は何を発問して、どう切り返そうかというのがすごく難しくなってくるのが一つです。

また、子どもはすごくいい着眼点をもってスタートするのですが、途中までは頑張れてもその一歩先の深まりになかなか自分たちだけでは行きつけない場合が出てきます。そういうときこそ教師の発問が必要になるわけですが、フレームリーディングの、例えば最初の「数える」とか「選ぶ」などは若手の先生でもすごくつくりやすい発問ですが、その先の深める部分の発問をつくる難しさは、いつも悩ましいと思っています。

つまり、子どもが学べるようになっているからこそ、フレームを使えるようになっているからこそ、教師の関わりがとても重要であり、難しくなってきていると感じています。

長岡　細部から全体、全体から細部のお話について、もう少し具体的に教えてください。

橋本　例えば、物語を読んで、「中心人物はきっとこの子だな」と構成からつかもうとする子どもがいます。あるいは、「変容は何かな」と全体をとらえようとする子どももいます。クライマックス場面など一つの場面が気になって、「何でこの人物はこの発言をしたのだろう」とずっと気になっている子どもがいたりもします。

謎や疑問からスタートすると、子どもによって読みのプロセスが変わってくる感じがあります。

青木　教室の中での悩みどころですね。一つのやり方としては順番に取り扱うというやり方があると思います。まずは、目のつけどころとして、全体を見渡している子どもから先に取り上げて、クライマックス場面が出てきたら、「○○ちゃんのこだわっていたクライマックス場面はここだったよね」などと言ってその子どもの出番をつくる。逆の順番もあるかもしれないけれど、そういう順序性をもって取り上げて、みんなで考えていく方法が一つあります。

それからもう一つは、それぞれのこだわりに任せて同時進行させる。つまり、ある子どもが全体にこだわっていて、そういう子がほかにもいたら、そういう子どもたちが集まって全体のフレームを見渡すような自分たちの読みをつくっていく。ある子どもはクライマックス場面や人物のもっていた小物（キーアイテム）は何なの、などと、いろいろな目のつけどころがあるので、それぞれのコースを最初から分けてしまう。後で全体をつなぎ合わせると、みんながもっていた疑問や考えたいことがつながったねと、最後で集約できる可能性もあります。

先生方の考える発問について、一斉指導という授業の組み立てが前提として頭にあると、やはり個別に対応するのは難しい。だから、子どものノートに書かれた初発の感想を見たときに、最初は一旦コース別に分けて、後でそれをつないでいくような、教師寄りではない、子どもの反応に合わせた授業づくりみたいなものもできるのかなと思います。それも教師自身の柔軟な授業づくりの考えどころになるかと思いながら聞いていましたが、橋本先生、いかがでしょうか。

橋本　その通りだと思います。たぶん**子どもと共通のフレームを教師ももっているので、感想を見ると実態把握がとてもしやすくて、**「このクラスの子どもたちは人物のフレームはすごくもっているけれども、構造のフレームはもっていない」などというのが見えてくると、授業のプランが立てやすいと思います。

この教材を見たときに、ほとんどのフレームを使って読めているのであれば、先程言われたようにコース別にしても、ある程度自立して読めるし、一方でほとんどフレームを使って読めていなければ、一斉に発問したほうがきっと学びは深まると見通せるので、そこは子どもの実態に合わせて変えていく必要があるかなと思います。

青木　そうですね。だから学年の初めとかフレームリーティングの経験のあるなしによって、初期の段階ではある程度全体を見渡すようなフレームリーディングの仕方で登場人物を数えたり、セリフの数を数えたり、場面の数を数えたりという読み方を子どもたちと一緒にやってみる。

そこから一番すごい場面はどれかとか、一番大切なせりふはどれかなど、選ぶ活動を通して詳しく読んでみる流れをつくる中で、そんな読み方があるのだとか、こんな学習用語が学べたねと子どもの中に学びを蓄積させていくと、少しずつ子どもたちにバトンタッチができていくのかなと思います。

木下　子どもによってプロセスをそれぞれ選ばせる、というような授業は、昨年度様々に実践をしてみたのですが、学年当初は順番に取り扱うような形で子どもと一緒に考えるということから始めました。

橋本先生が言われるように、子どもが初発の感想で書いたものの質がだんだん高まっていると感じたので、それを次の時間に子ども同士で読み合って、みんながどんなところに注目しているのか、どんなところにどんなフレームを使っているのかを共有する時間を取りました。そうすると、「構造と内容の把握」や「精査・解釈」に入っているような問いをもっている子もいて、それらを短冊にして黒板に貼り出して、みんなでどこから考えていくかを相談したのが、学年当初や一学期二学期です。

そこからだんだん同時進行させていき、それぞれのプロセスで授業していく形を学年の後半では試しましたが、先ほどのお話のように、やはり「構造と内容の把握」で例えばあらすじとか場面の構成を読んでいる子もいれば、いきなりクライマックスの場面に注目している子もいて、それぞれ進んで、いざ共有となったときに、構造や内容を読んできた子どもと、中心人物の変容とか山場をじっくり読んできた子どもでは、ちょっと話が噛み合わないと感じることが実践の中でありました。

読み深めてきたことがそれぞれ違うので、同じ土俵に立って話し合うために、教師の交通整理というか、発問なり支援なりが必要なのかなと思いました。実践の中で子どもたちにこんな共通性がある、こんな見えてくるものがあるというのをもたせることが、なかなか難しかったです。それぞれのペースで読み深めて共有していくときに、私たち教師がどのように働きかけることが必要なのかというところに難しさを感じました。

村上　青木先生の実践で、子どもたちがホワイトボードを使ってそれぞれの目のつけどころから読み深める授業を見せていただいたことがあります。そのときに、やはりプロセスはいろいろなものがあるのだろうけれども、例えば物語の最終的なゴールとして、自分の読みを主題として自分の言葉で表すことができるという大きな目標をもって、いろいろなところからスタートしていくことが大切なのかなと思いました。

僕もうまくはいかなかったのですが、大きな目標があるからこそ、スタートは違ってもゴールは一緒になり、子どもの中に達成感みたいなものが生まれるのではないでしょうか。青木先生がグループを回りながらされている机間指導や発問が、木下先生のお言葉を借りれば交通整理になっているというか。

目のつけどころの違うグループを軸にしながらも、全体が集まった時には、みんなつながっているという意識を与える発問などで、最後に行き着くゴールは一緒だと意識させていく必要があるのかなと思いました。

長岡　私は、みんな読みが違うのだから、それでよいのではないかとつくづく思っています。私たち教師はゴールを目標として定めるけれど、それが強すぎると、そこまでみんなを登らせなければ、たどり辿り着かせなければいけないとなってしまいます。フレームリーディングで身に付けた武器というか視点があるので、「僕はこの物語はこう読んだよ」「僕のこの物語の読む価値はこれだ」と最終的に言える子どもたちであれば、読みのゴールが揃わないことはそんなに怖くないのではないかと思います。先ほどの青木先生のお話ではないですが、やはり一斉指導はこう在るべきと刷り込まれているから、そこからどう脱却するのかがポイントになるのかなと、お話を聞きながら思いました。

水島　子どもたちの実態によって授業の進め方や形態は変わってくると思いますが、いろいろな子どもたちが一緒に勉強しているので、子どもたちの実態によっては、疑問を出し合ったり課題を立てたりする段階がいつも初めでなくてもいいと思います。

子どもたちの読みの土台を初めにある程度揃えておかないと、木下先生がおっしゃったように、後々共有したり交流したりするときに話が噛み合わなかったり、ついていけない子どもが出てきてしまったりするので、初めの「構造と内容の把握」は全員で一緒に学習して、大体この話はこういう流れだとか、この説明文はこういう構造になっているとか、説明されていることをある程度全体で捉えておいてから、子どもたちに疑問を出させたり課題を立てさせたりという順番で進めることもあります。

そうすると、大枠のフレームをもった状態、土台が揃った状態で子どもたちが細部にこだわったり、自分のこだわりに視点を向けていけたりするのかなと思います。話し合いをしたときに全く噛み合わないことはなくて、それぞれの視点で話をしていても、それがその大枠の中でつながっていく感じになる。

例えば物語で構造といっても本当の大枠の構造ではなくて、初めと終わりで比較するとこういう変容があるという構造としてとらえるのであれば、細部になぜ変容したのかとこだわった子どもと、最初と最後でこういう変容をしていると読んだ子どもの話に、ある程度つながりが生まれてくると思います。

青木先生の飛び込みの授業を見せていただくと、一つの授業の中で、ある程度子どもの読みの土台を揃えて、そこからぐっと深められるのが本当にすごいと感心しますが、そのようにある程度ならしておいてからそれぞれのこだわりに目を向けさせて、それぞれのプロセスで読ませていく方法が一つあるかなと実践しながら思っています。

橋本 私は子どもが「精査・解釈」のような部分に目を付けていたとしても、たぶん本人はそんなに自覚していないけれども、ざっくりと「構造と内容の把握」を何となくしている、もしくはそこを通らないと「精査・解釈」の部分には行かないのではないかと思っているところがあります。

「精査・解釈」からスタートしても、一度は何となく俯瞰してまた戻ってくる、そういうことを自覚なしにやっているのではないかと思っていますので、全体交流のときに教師が「構造と内容の把握」からあえて取り上げて思考の整理をしてあげることで、コース別でも理解するのは可能だと思っています。

文章の本当に一部、その一〇行ぐらいのところだけを見ている子どもはそこだけを読んでいても答えが見つからないことがわかってくるので、どうしても全体を見に行かなくてはいけないというプロセスをたどると思っています。

そこは先ほど村上先生がおっしゃったように、青木先生が机間指導の中で声をかけられるように、私たち教師が、ここで止まっているならここを見てみたらどうとか、あのチームはこんなことをしているよと思考をつなぎながら、「精査・解釈」「構造と内容の把握」を行ったり来たりさせるように働きかけで行わせることが、つまずきを回避させるよい手立てなのではないかと思っています。

青木　今までの先生方のお話の中でもとても大事なお話がたくさん出てきたと思います。まず一つ、一番大きな枠組みとして資質・能力として考えたときに、子どものもっている資質は、例えば読むことに関して、単純に数値化はできないけれども、2の段階の子どもとか、4の段階の子どもとか、ばらばらの状態です。そういう子が何十人も集まって一つの教室をつくっているわけです。だから、全ての子どもたちを5まで連れていくのは至難の業で、当然連れていけない子どももいるけれども、資質・能力という発想でいくと2の子どもがその授業なり単元の中でワンランクアップできればいいのではないかと思います。2が3になれば、それは十分立派な学びとして成立していると。**全ての子どもを5の段階に到達させようという一斉的な発想ではなく、一人一人の子どもの実態、もっているものをワンランク上げてあげようという発想で授業する**ことが、これからはとても大事になっていくと思います。その意味では、長岡先生が話されたように、自分なりの読みがもてればいい、自分なりのこだわりで追究できればいいのではないかと思います。

その際教師が、この子どもは今は2の段階だけれど、ワンランクアップするためにどんな言葉かけが必要かとか、その子どもにはどんな発問で考えさせればいいかを個別に考えてあげることが大事かなと思います。それが、大前提です。

もう一つ、では本当にばらばらでいいのかというとそうではなく、やはり学び合う一つの学習空間を教室でつくっているわけだから、できるだけそれぞれの子どもたちの学びを可視化してあげる。私の教室ではホワイトボードを四枚ほど使っています。すると、このグループでは今こういうことを議論して、子どもたちがこんなメモをしたというのが、授業中でも授業後でもホワイトボードに残るわけです。

全く違うテーマであっても、グループのこだわりや議論の中身が見合えるような環境をつくっていくことがお互いを刺激することにもなるし、やっていることは別々でも、最終的にここは共通で、自分もこのグループに何か言えることがあるのではないかと、土俵が違うから全く噛み合わないのではなく、日々**お互いの学びが可視化されていくことで、少しずつつながりの糸口みたいなのが見えてくる**といいのかなと思います。

あとは、最終的に自分はこの作品、この文章をこう読んだという主題なりのゴールをみんなで見据えていくことも大事かなと思うし、水島先生が話した、どこで疑問をもたせるかということも重要です。授業の単元の最初の段階でなくてもいいわけで、読みが進んでいくとまた新たな疑問も途中で湧き上がってくるかもしれないし、分かったらまた次に分からないことが出てくるので、そんなことが連続していくと、本当に子ども自身の学びそのものがつくられていくのかなと思いました。

Ⅲ フレームを獲得させる手立て

青木　次に、村上先生から、授業の上での教師の困り感をお話しいただきます。

村上　四年間フレームリーディングでずっと実践していた先生が新しい学校に行き、授業がいつものようにいかないと悩んでいるという話を聞きました。当たり前のように「登場人物は？」と問うと、全然見当違いの答えが返ってきて、積み重ねの大切さを感じると言っていました。学校が変わるとそこがスタートになるので、その先生は何から土台づくりをしていけばよいのか悩んでいました。

もう一つ、フレームリーディングは、丸ごと読ませることから入るので、低学力の子どもがしんどそうだということです。一読しただけでは話を理解するのに精一杯だし、一人一人の語彙力にも差があるので、その時点で土台が違い過ぎて共通の話になっていかないところが課題だという話をよく聞きます。

青木　今の村上先生の話を受けて、いかがですか。

長岡　去年異動した先の学校は、フレームリーディングを初めて実践するところだったので、慣れるまでは時間がかかりました。それでも一年間実践すると、読むために必要な武器は増え、子どもが、目のつけどころを獲得していくのを感じました。

やはり私たち教師の見方を変えないといけないと思います。村上先生の、低学力の子どもはしんどそうと言った先生の気持ちは分からなくもないけれど、その子どもがどうやったら授業の中で生きるかという考え方に転換していかないといけないのではないでしょうか。先ほどの青木先生の2から3ではないけれど、一人一人というところで考えると、僕らは一定の基準というところにもっていこうとし過ぎているから落ちこぼれという言葉を考えなければいけなくなっていると思いました。

木下　村上先生の言われた先生たちの困り感の一つ目に挙がっていた、新しいところに行ったときにフレームの積み上げがないというのは、所属校が変わるだけでなく、校内でも大きく感じる部分かと思います。公立校はどうしてももち上がるよりも一年ごとに担任が変わっていくところがあるので、その都度フレームを積み上げ直していく必要があり、そこに少し大変さを感じます。

実際授業をするときに、例えばこの物語文を読むときにはこんなフレームを使うのではないかと考えて、ここで新たに獲得させたいフレームはこれだというものがあります。でも、前の学年や前の単元までに身につけておくべきものがない場合は、そこでの学び直しが必要です。六年生であっても、四年生や五年生の学習、学習材などを読み直して、目のつけどころを確認するというような手立てをこれまでしてきました。**新しく積み上げていくことと同時に、もう一回積み上げ直しみたいなものも要る**のではないかと思っています。

橋本　先ほど長岡先生がおっしゃった武器というのはフレームのことだと思いますが、それを教師がしっかりと把握しておくことが大切ですよね。登場人物についても全く着目できない子がいるとわかることが、子どもの実態を教師が把握できている状態だと思います。

木下先生の学び直しではないですが、まず人物のフレームを獲得させるというフレームリーディングを使うことによって、実態把握と学びの見通し、何を身につけなければいけないかがとてもわかりやすく整理できると思うので、**まずは教師自身がこの学習材で、この学年で何を獲得できたらいいのかというフレームを整理した上で子どもたちに向き合うと、実態把握が上手にできる**かなと思いました。

それから、特に低学年で丸ごと読むことに対する抵抗感が強いと思っています。たくさん読むことに子どもが付いてこられないと思うので少しずつ読むのですが、それでもフレームは獲得できるので、何のフレームを獲得させるかが把握できたら、同じ場面をぶつ切りに読むにしても、読ませ方が変わってきたり、子どもへの声かけ、発問が変わってきたりすると思うので、そこを中心に授業を組み立てると、時間はかかるかもしれませんが、少しずつ積み上がるのではないかと、聞いていて思いました。

青木　今大事な話が出てきたと思います。一つは教師の側がフレームをもっていると、実態把握に使えます。つまり、読み方で点数が取れない子どもに繰り返しテストをさせても、文章が違えばまた点は取れないわけです。でも、この子どもにはこういうフレームがもてていないということが把握できたら、次の作品を読むときにはそのフレームをもたせるための授業ができるわけです。

今まで国語はなかなかそういう授業ができていませんでした。算数だと、この子どもは掛け算九九がしっかりできていないから分数ができないとか、公倍数が分からないとか、原因が分かるから掛け算九九まで遡れて、木下先生の言う積み直しみたいなものができますが、国語は読解力がない、点数が取れないと言っているだけで、どうすればいいのか、なかなか手が打てなかった。けれども、このフレームをもたせれば何か変わるとか、文章が少しは読めるようになるとか、フレームとして先生が見えていれば、そこに戻ることができるし、もう一度学び直しをすることができます。

それから、やはり五年生で初めてフレームリーディングをやるときに、五年生の教科書教材から入れば、それは当然きついです。五年生で初めてフレームリーディングを経験する子どもたちには、一年生の『おおきなかぶ』から始めたり、二年生の『スイミー』を読ませたり、そういう下の学年で文章が短くて一枚もののプリントに縮小コピーができて全体が見渡せるものでフレームリーディングを経験させます。そうした授業を徐々に積み上げていく中で、何カ月か後には当該学年の学習材をフレームで読ませる、というようなステップが必要なのではないかとも思います。

筑波の子どもでも、四年生でクラス替えをして新しい子どもを受けもったら、やはり土俵を共通にするために低学年の文章から読み返します。説明文の基本文型としての頭括型・尾括型・双括型のスタイルの文章は、何年生になっても繰り返し基本文型のプリントを配布して、「またこのプリントですか」「これ何枚もらったんだろう」と子どもがつぶやくぐらい、しつこくしつこく繰り返して示します。

そうやって、やっと子どもたちの中にフレームがつくられていくと思っています。**授業で一回やって、この前やったでしょうという感覚では子どもには定着していないので、繰り返しも大事だし、下からもう一回積み上げ直すのも大事です。**それで徐々に子どもの姿も変わっていくと思います。

橋本　今聞いていて、フレームの獲得とはどういうことかと思っていたのですが、プレ教材的な感じで下の学年のものをやらせてフレームを獲得したと先生が思っていても、子どもが獲得したかどうかはやはり見えにくい。先生がプランを立てて、教材をドリル練習のような形で繰り返しやらせることではなく、**子どもが自分で自覚できるのが真の獲得**であって、今日は中心人物が学べたとか、先程の双括型や尾括型ではないのですが、国語の用語をそこで一緒に確認していくことも大事ではないでしょうか。

青木　とても大事です。獲得していくと、前に出てきた初発の感想の書きぶりが変わる。子どもが自分のフレームを使って文章を読むようになるので、初発の感想の中にそこで学んだ用語が出てくるようになる。そうなると、この子どもは頭括型、尾括型、双括型が少し分かってきたのだという、こちらの見取りになります。

それから、子どもたちには、ノートの後ろに学習用語辞典というのを作らせています。例えば中心人物という言葉はお話の中で一番大きく変わる人物のことだと全員で用語を確かめ、その定義をノートに記録させています。次の作品を読んだときに、中心人物とは何かをすぐ答えられる子どもと、自分の書いたノートのメモを見直す子どもといろいろありますが、それを繰り返していくことが大事です。ただ単にドリル的に先生が繰り返しているのとは意味が違うので、そこは橋本先生の指摘の通りだと思います。

長岡　先程、読みを深めるときに順序性優先なのかこだわり優先なのか、もしくはコース別でも、という話が出ましたが、結局子どもが見えていないと選べないのかなと思いました。青木先生の見方を教えていただきたいと思います。

もう一つはフレームをどうやって獲得させるか、これに尽きるかと最近思います。子どもに「フレームリーディングはこうだよ、食べて」と料理みたいに出して、食べておいしかったではなく、その料理をよりおいしくするために一緒に料理をするイメージなのではないかなと。そうなると、フレームリーディングを学ぶことをこちらからどう提示すれば、子どもたちの中に武器としてより入っていくのか、そのへんを教えていただきたいです。

橋本　私も**フレームは教えるものではなくて、子どもが獲得するものであり、一緒につくっていくもの**でもあるかなと思っています。先程から出ていますが、先生がもっているフレームと子どもがもっているフレームをすり合わせていくというか、教師は授業の中で、子どもと同じ言葉で表現していって、新しい教材をどうやって読んだらいいか分からないときに、これはこういう目のつけどころで読むといいのだということが子どもに実感できたところで、やっと新しいフレームが手に入るのだと思います。

それを先生が教えるものだと思って授業をしてしまうと、今何々さんが言ったのはこういう読みです、で終わってしまうから、獲得ではなくて教えられただけという感じがどうしてもしてしまいます。一緒につくっていく要素はとても大事だと思うので、さっきのノートの後ろの学習用語辞典のように、今までにないフレームが手に入ったら、みんなで定義を確認していこうと、一緒につくっていく感覚があるからできるのかなと思って聞いていました。

青木　高学年であっても、私は子どもたちにフレームリーディングという言葉は使いません。子どもの中に読み方として目のつけどころが増えていけばいいわけで、結果的に教師側の言うフレームリーディングになっているだけだと思っています。

あとは、**子どもが自分で発見して武器としてもつ流れになるのが理想的**だと思います。時にはこれは暗示という、これは伏線というと、そういう用語についてはこちらから示さないと子どもの中からは生まれてこないかもしれません。でも、こんなところに目をつけたというのは、子どもの試行錯誤の結果で、そのときに子どもが自ら手に入れるのだ、という発想でフレームをもたせていけるといいかなと思います。

教師がフレームをもっていて、それを子どもに伝授していくような発想とは逆のほうがこれからの子ども起点の授業づくりにも合っているし、先生は対比など当たり前のようにもっていますが、子どもがこのように比べてみたらどうだろうという読み方をしたときにそれはすごい読み方だと褒めてあげると、その子どもは比べるという読み方を忘れないものです。

フレームを子どもの武器にするために、どのように目のつけどころをもたせるか、ちょっとした言葉がけも大事だし、それをふり返りとして記録させて残していくというか、「きょう僕はこんな読み方を発見した」とか、「○○さんはこんな読み方をして、それがクラスみんなの財産になりました」とか、「○○ちゃんの意見をもとにみんなで共通の読み方を編み出した」のようなふり返りの記録ができるような授業づくり、進め方をしていくといいかなと思います。

長岡先生の質問にあった、子どもをどう見て、その瞬間瞬間に教師がどう判断するかは、私自身も常に迷いながらだし、それが一〇〇%正解で、他の対応が間違っているということはないと思います。教師自身もその場その場で判断してみたけれど、それでよかったかどうかは子どもの反応なりを見てみないと分からないので、やはりその積み重ねでしかないかなと思います。

今回こっちを選んだのは○○さんのためにはプラスだったかもしれないけれど、ほかの子にとってはいまいちだったというのは、よくあることなので、教師自身も考えて判断して、その結果どうだったのかを振り返る、次に生かすための授業の見直しも必要になってくると思います。

Ⅳ 考えの形成としてのアウトプット

木下 フレームリーディングを用いた単元をデザインしていく上で、どの先生も「考えの形成」としてのアウトプットの部分をどのようにしていくかが一つの大きな考えどころかと思います。今回行った実践は、自分もほかの実践をされた先生方も、フレームを使って読んだ後にアウトプットの内容を伝えて、一、二時間ぐらいでアウトプットできるような形で子どもたちの読みをとらえるかたちだったと思います。そういう場合の子どもたちが読む段階での目的は、例えば主題に迫るとか、初期情報をしっかりとらえるなどになるのかなと思いました。

これまでは、最初にゴールを示して、最後にこれをやるからそのために読んでいこうというような「単元を貫く言語活動」のようなものが主流の時代だったと思います。これからの時代にそのどちらが適しているのかと考えます。フレームリーディングのよさには時間を短縮できることもあると思いますので、どういうアウトプットの在り方がこれからあるべきものかというのが一つ思うところです。

それと、これもそれぞれの読みということであれば、それこそアウトプットの在り方も一つの決まったものでなくてもいいのかなと思う面もあります。そのあたりの青木先生や皆さんのお考えを聞いてみたいです。

水島 今のことにかかわって、私も青木先生に聞いてみたいと思っていたことがあります。先ほどからのお話に「構造と内容の把握」と「精査・解釈」を行ったり来たりするという話が出ていたと思いますが、それと同時に「考えの形成」にもやはり行ったり来たりすると思います。

子どもによっては、「構造と内容の把握」を行ったり来たりする中で、こちらが「考えの形成」としてアウトプットさせたいものが出てきたり、それらがつながってそこまで深まっていく子もいれば、そういう子どもの話を聞くことを通して「考えの形成」ができていく子どももいると思います。

ほかのこともそうですが、「考えの形成」ができるタイミングは子どもによって違いがあって当たり前で、それが行ったり来たりする中で生まれてくるものだと思うので、それを教師がどのようにとらえていくかが難しいと感じています。

一斉にアウトプットさせる形をとれば、後の評価にもつながってくると思いますが、それを教師がどのようにとらえて、子どもたちの学びにどう返していくかが難しいと感じています。

青木　言葉の学びそのものは地下水みたいなもので、雨が降って山の中にしみ込んだものがいつどこできれいな水になって出てくるのか分かりません。掛け算を覚えれば次に割り算に進めるけれど、二年生、三年生で文章を読んだからといって、それがいかによりよい形でどこにいつ発揮されるかがなかなか見えてこない。そこは、言葉の学びの特質、教科の特性というところがあるので、そういう発想の下でアウトプットさせると、**アウトプットがその作品や文章を読んでの完成品でなくてもいいのではないか**と。

個に応じてアウトプットのタイミングまでずらしていくと、子どもによって単元が何時間かかるかが違ってくるということになります。三時間で理解できる子どもと、じっくり九時間かけないとその文章がわからない子どもに対応しようと思うと、カリキュラムがなかなかつくれません。だから、とりあえず今までの学びを使ってアウトプットは五時間目にやってみる、というような発想ではどうでしょうか。子どもの理解の度合いや深さによってアウトプットされたものの表現が変わってくるかもしれませんが、そのアウトプットは一つの経験としてさせてみるとよいのではないでしょうか。

その結果、この子どもはここまでわかっていた、この子どもはこれがわかっていなかったと、次の授業に向けての手の打ちどころが見えてくるかもしれないので、すべて理解させた上でアウトプットさせるのは大変だから、そこまでの精いっぱいのアウトプットでいいのではないかと思います。だから、あまり時間をかけてのアウトプットではなく、簡単で、しかも今まで学んできたことが端的に表現できるようなアウトプットの工夫をされるのが一番理想的だと思います。

そうすると、木下先生が言うような、全員が同じアウトプットでないのもありだし、アウトプットの方法として教師がいくつかの選択肢をもっていて、それを子どもに選ばせるのという方法もあるし、こういう文章を勉強してきたからこういうアウトプットをしたいと言い出せる子どもが出てきたら、それはさらに素晴らしいですね。

子どもたちはやはり楽しい言語活動でアウトプットをしたいので、二人組でショートコントのようなアウトプットとか、インタビュー形式のアウトプットとか、様々なものを経験しながら、アウトプットそのものの楽しさも感じ、表現の仕方を学べます。

今までの「単元を貫く言語活動」としてやってきたようなものは、何時間もかけてこれを目指してやるぞみたいな単元づくりになっていて、もちろんそういう単元があってもいいのですが、全ての学習材やすべての単元でそういうものを目指そうとすると、教師も子どもも辛くなるので、もっとライトな感覚の短時間のアウトプットで、数をこなしていくと考えてもよいのではないでしょうか。

その一つ一つは全て完成品でなくてもいい。とりあえずやってみることで次を目指そうという感覚でアウトプットさせていくことがいいのかなと思っています。

橋本　今お話を聞いていて、アウトプットもある程度教師の目的に合わせて変えていく必要があると思いました。例えば木下先生が言った、子どもがやりたいものを選ぶようなアウトプットの形をとると、読みの評価は結構難しくなってしまいます。だから、読みの観点での評価のためにアウトプットをするのであれば、それは適さないかもしれません。主体的に学ぶ態度、自分で学び方を選んだり、自分で調整しながらこの学びに合ったアウトプットはこれかもと調整したりするような姿を見たいなら、自由に選ぶアウトプットはすごく適しているかもしれないです。**何をさせたいか、何を見たいかという目的によって、アウトプットは変わってくる**と思いました。

もう一つは、完成品でなくていいという先生の言葉はすごくいいなと思いました。アウトプットさせるときに、どうしても教師は学びの成果として表出させたいので、最初に主張を書いて残りのところに必ず理由を書きなさいと指定して、できたかできていないかを見取りたいアウトプットをしがちなのですが、そうすると、楽しいアウトプットではなく、テストのようなアウトプットになってしまいます。

でも、いろいろなアウトプットの楽しさを感じてみたり、子どもが純粋に印象に残っている学びをこちらが見取れたり、確実に書けと言われたものではなく、子どもが思っていることが素直に見取れたりすることが大切ですよね。アウトプットにはすごく可能性があるので、何を子どもにしてもらいたいか、何を見たいか、どんな力をつけたいかで、様々なアウトプットがあるのかなと聞いて思いました。

村上　子どもたちがアウトプットに向けて進めている過程の中に、それまでの読みを生かした方法を結構見てきました。例えば、やなせたかしさんの伝記の授業のときも、関連するものとして選んだ作品にはたくさんのことが書かれているけれど、アウトプットの表現は時間が決まっているので、自分にとって大切なものを選ぶとか、全体を読むためにエピソードを数えてみるとか、そういう子どもたちのアウトプットで何かをつくるときの過程がそのまま読んだ力として出ていて、フレームで読んだ力を自然に使う子どもの姿が、すごいなと思いました。

そこに、こういう学びをしたから、伝記の豊かな読み方ができたねと価値づけてあげることも、教師として大切なのかなと思いました。

青木　アウトプットをさせるからには、ある程度の枠組み、スタイルで、こういう中身を入れましょうという指定は必要かもしれませんが、それだけであまり固定的に子どもを見ないというか、アウトプットさせたものをこちらがどう見取るかという教師の側の柔軟性も必要かなと思います。

アウトプットについては、まだまだこれからさらにみんなで学んでいきたいと思います。共有とはどういうことなのかということにもつながっていくと思いますので、引き続き学んでいきましょう。

ありがとうございました。では、座談会はこれで終わらせていただきます。

（※）桑田晶子先生（本研究会代表）

おわりに

フレームリーディングは、「こうあるべき」とマニュアル通りに頑張ってやるような読みの手法ではありません。しかし、フレームリーディングの授業をした経験者の多くは、その読み方が、子どもたちの学びにとってごく自然で、子どもの学びの思考の流れに沿っていると感じられるのではないでしょうか。教師がその感覚を大事にしながら、子どもたちと「共に」授業をつくろうとすることが、主体的な学び手を育てることにもつながると考えています。フレームリーディングを実践する教室は、教師が子どもたちによって鍛えられる場でもあります。教師自身も成長するのです。これこそ、フレームリーディングの魅力と言えるでしょう。

本書は、「ことば」の教育研究会が研究会開催通算百回を迎えるにあたり、「青木流フレームリーディングで新学習材（令和二年度版光村図書）を読み解く」に挑み、実践をまとめたものです。執筆は、事務局の若きメンバーたちが担当いたしました。

ちょうどコロナ禍の真っただ中で、メンバー同士、頭を突き合わせて教材研究をすることができないまま、全てがオンラインの会議でした。集まれないもどかしさと難しさはありましたが、学びを止めないという若いエネルギーと意志の力で何とか遂行することができました。座談会も、事務局の代表が、青木先生の胸をお借りして実践を語り合いました。それぞれの教育観が垣間見える、面白い学びの空間になったと思います。

とは言っても、おろしたての服が何だか着心地が悪いように、まだまだ、新学習材は、体に馴染んでいるとは言えません。まだまだ、拙い実践です。みな様のご批正をお待ちいたします。

この「ことば」の教育研究会は、広島県東部（福山市・府中市・尾道市・三原市）の先生方を中心とした学習会で、二〇二一年で創立十五年目を迎えています。そもそもは、二〇〇五・二〇〇六年度に広島県が「ことば」の教育パイロット校事業を立ち上げ、「言語技術」の指導を取り入れた指導方法や教材等の研究開発を進めました。事業終了後の二〇〇七年に、当時のパイロット教師有志が中心となり、二年間研修したことを普及、充実していこう、というのが目的ではじめた会でした。

地方の片隅の、名もない小さな「国語科の研究」の会でしたが、青木先生をはじめ、多くの講師の先生方のご指導をいただきながら、教科・領域の枠を越えて、子どもたちの人生の基礎となる、いわゆる「国語力」の育成へと、自然と広がっていったというのが実感であります。オンラインの学習会になってからは、全国各地からご参加を頂き、たくさんの先生方とつながることができました。学びの場は広がりましたが、「わかるということは、わからないことが増えるばかり」であることも改めて思い知っています。だからこそ、「学ぶ」ということの意味を探り続けていかなければと、覚悟を固めているところです。

青木先生には、新学習材の研究・分析・実践を手掛けた一年半余りにわたり、たびたびオンライン会議に加わっていただき、行き詰ってしまった私たちに、明解で丁寧で、且つ的確なご指導をいただきました。

時には「子どもは三十分の一ではなく一分の一だ」などの青木先生の力強いアドバイスや励ましの言葉が、方法論に流れがちになる我々を教育の原点へと立ち返らせるものとなりました。

また、時として「いつも迷いながらやっていますよ」と笑いながらさらりと語られる言葉は、これで良しとしない授業への厳しさと、もっと子どもたちの声を聴けていたら・・・という謙虚さにあふれていました。それは、一人一人の子どもへの「リスペクト」そのものであり、答えのない世界に生きる教師のあり様を模索する姿でもありました。静かだけれど真直ぐに届く青木先生の言葉は、未来の教育へのメッセージだと受け止めています。

最後になりましたが、この仕事は、青木先生の多大なお力添えをいただくこと無しには、カタチにすることはできないものであり、貴重で、とことん贅沢で、そして最高に幸せな時間の共有でもありました。心から感謝申し上げます。

令和三年八月

「ことば」の教育研究会　代表　桑田晶子

執筆者一覧

編著者

青木伸生（あおき・のぶお）

1965年、千葉県船橋市生まれ。東京学芸大学を卒業後、東京都公立小学校教諭を経て、現在、筑波大学附属小学校教諭。全国国語授業研究会会長、日本国語教育学会常任理事、教育出版小学校国語教科書編集委員なども務める。著書に『フレームリーディングでつくる国語の授業』（2013年・東洋館出版社）、『教科書新教材「フレームリーディング」でつくる国語の授業』（2015年・東洋館出版社）、『小学校国語　説明文／物語文の授業技術大全』（2019年・明治図書）『10分で読める物語』（2020年・学研プラス）他、多数。

執筆者：執筆順／執筆箇所

- 青木伸生（前出）／Ⅰ章、Ⅲ章、Ⅳ章
- 山口純栄（広島県・福山市立戸手小学校教諭）／Ⅱ章「まいごのかぎ」
- 木下恵介（広島県・福山市立新涯小学校教諭・福山市立大学大学院）／Ⅱ章「思いやりのデザイン」、Ⅳ章
- 松本直丈（広島県・府中市立南小学校教諭）／Ⅱ章「世界にほこる和紙」
- 村上翔大（広島県・府中市立府中明郷学園教諭）／Ⅱ章「やなせたかし —アンパンマンの勇気」、Ⅳ章
- 橋本嘉文（広島県・福山市立千田小学校教諭）／Ⅱ章「言葉の意味が分かること」
- 黒田裕介（広島県・福山市立加茂小学校教諭）／Ⅱ章「固有種が教えてくれること」
- 中國達彬（広島県・府中市立国府小学校教諭）／Ⅱ章「たずねびと」
- 水島知世（広島県・福山市立神辺小学校教諭）／Ⅱ章「帰り道」、Ⅳ章
- 橋本智美（広島県・福山市立川口小学校教諭）／Ⅱ章「メディアと人間社会／大切な人と深くつながるために」、Ⅳ章
- 長岡康治（広島県・尾道市立栗原北小学校教諭）／Ⅳ章
- 桑田晶子（「ことば」の教育研究会代表）／おわりに

個別最適な学びに生きる
フレームリーディングの国語授業

2021(令和3)年10月11日　初版第1刷発行
2023(令和5)年12月4日　初版第3刷発行

編著者　青木伸生
著　者　「ことば」の教育研究会
発行者　錦織圭之介
発行所　株式会社東洋館出版社
〒101-0054　東京都千代田区神田錦町2丁目9番1号
コンフォール安田ビル2階
営業部　電話03-6778-7278　FAX03-5281-8092
代　表　電話03-6778-4343　FAX03-5281-8091
振替　00180-7-96823
URL　https://www.toyokan.co.jp

[イラスト] パント大吉
[装幀・本文デザイン] 中濱健治
[組版] 株式会社明昌堂
[印刷製本] シナノ印刷株式会社

ISBN978-4-491-04522-1　　Printed in Japan